国家社科基金项目成果 *经管* 文库

Research on the Mechanism and Enhancement Strategies of
Technological Innovation in Corporate Venture Capital Ecological
Chain Based on the Perspective of Technological Fit

# 基于技术契合视角的
# 公司创业投资生态链技术
# 创新机理及提升策略研究

王 雷／著

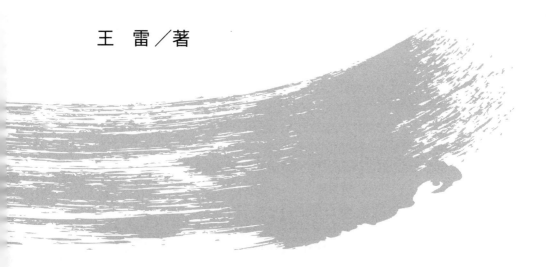

中国财经出版传媒集团
经济科学出版社
Economic Science Press
·北 京·

图书在版编目（CIP）数据

基于技术契合视角的公司创业投资生态链技术创新机理及提升策略研究／王雷著. -- 北京：经济科学出版社，2024.8. --（国家社科基金项目成果经管文库）.
ISBN 978 - 7 - 5218 - 5987 - 4

Ⅰ. F276.6；F830.59

中国国家版本馆 CIP 数据核字第 2024Z1Q095 号

责任编辑：胡成洁
责任校对：刘　昕
责任印制：范　艳

**基于技术契合视角的公司创业投资生态链技术
创新机理及提升策略研究**

JIYU JISHU QIHE SHIJIAO DE GONGSI CHUANGYE TOUZI SHENGTAILIAN JISHU
CHUANGXIN JILI JI TISHENG CELÜE YANJIU

王　雷　著

经济科学出版社出版、发行　新华书店经销
社址：北京市海淀区阜成路甲 28 号　邮编：100142
经管中心电话：010 - 88191335　发行部电话：010 - 88191522
网址：www. esp. com. cn
电子邮箱：espcxy@ 126. com
天猫网店：经济科学出版社旗舰店
网址：http：//jjkxcbs. tmall. com
北京季蜂印刷有限公司印装
710×1000　16 开　12 印张　220000 字
2024 年 8 月第 1 版　2024 年 8 月第 1 次印刷
ISBN 978 - 7 - 5218 - 5987 - 4　定价：58.00 元
（图书出现印装问题，本社负责调换。电话：010 - 88191545）
（版权所有　侵权必究　打击盗版　举报热线：010 - 88191661
QQ：2242791300　营销中心电话：010 - 88191537
电子邮箱：dbts@ esp. com. cn）

# 国家社科基金项目成果经管文库
# 出版说明

经济科学出版社自 1983 年建社以来一直重视集纳国内外优秀学术成果予以出版。诞生于改革开放发轫时期的经济科学出版社，天然地与改革开放脉搏相通，天然地具有密切关注经济领域前沿成果、倾心展示学界翘楚深刻思想的基因。

2018 年恰逢改革开放 40 周年，40 年中，我国不仅在经济建设领域取得了举世瞩目的成就，而且在经济学、管理学相关研究领域也有了长足发展。国家社会科学基金项目无疑在引领各学科向纵深研究方面起到重要作用。国家社会科学基金项目自 1991 年设立以来，不断征集、遴选优秀的前瞻性课题予以资助，经济科学出版社出版了其中经济学科相关的诸多成果，但这些成果过去仅以单行本出版发行，难见系统。为更加体系化地展示经济、管理学界多年来躬耕的成果，在改革开放 40 周年之际，我们推出"国家社科基金项目成果经管文库"，将组织一批国家社科基金经济类、管理类及其他相关或交叉学科的成果纳入，以期各成果相得益彰，蔚为大观，既有利于学科成果积累传承，又有利于研究者研读查考。

本文库中的图书将陆续与读者见面，欢迎相关领域研究者的成果在此文库中呈现，亦仰赖学界前辈、专家学者大力推荐，并敬请经济学界、管理学界给予我们批评、建议，帮助我们出好这套文库。

经济科学出版社经管编辑中心

2018 年 12 月

　　本书为国家社会科学基金一般项目"基于技术契合视角的公司创业投资生态链企业技术创新机理及其提升对策研究"（项目编号：19BGL033）的结题成果。

# 前言

### *Preface*

2024 年 4 月 30 日，中央政治局会议提出，要积极发展风险投资，壮大耐心资本。2024 年 6 月 19 日，国务院印发《促进创业投资高质量发展的若干政策措施》，围绕创业投资全链条提出了 17 条政策举措，强调充分发挥创业投资支持科技创新的重要作用，强化企业创新主体地位，促进科技型企业成长。公司创业投资（corporate venture capital，CVC）是指大型产业公司（或平台型企业）对独立运作的高成长企业进行的股权投资。CVC 是一种特殊的风险投资、耐心资本。大型企业通过 CVC 构建基于生态链的创新共同体，促进 CVC 母公司与被投资企业间纵向协同创新，在跨行业的纵向生态链整合下，通过价值链的重组，能够突破行业的界限，实现跨行业的重大科技创新。

本书以公司创业投资生态链企业为研究对象，首先分析了中国市场环境下公司创业投资（CVC）发展现状与投资效率，总结了中国 CVC 投资模式与发展趋势。从资产互补性的视角解释了公司创业投资（CVC）与独立创业投资（IVC）对创业企业技术创新以及价值创造的差异化影响的原因，通过引入技术契合度、地理位置接近性以及双边产品市场关系，揭示了基于技术契合的公司创业投资支持企业技术创新与价值增值的作用机理。在此基础上，研究了合作双方间技术契合度对被投资企业创新绩效的非线性化影响，以及控制权分配的作用，通过实证分析，检验了技术契合度对创业企业创新绩效的影响以及 CVC 控制权的中介效应。然后，将研究重点从双边关系延伸到 CVC 生态链，分析了双边技术契合水平对 CVC 生态链上下游以及整体被投资企业创新绩效的差异化影响，进一步探讨了关系专用资产投入程度与信任水平这两个核心要素在双边技术契合水平与 CVC 生态链整体被投资企业创新绩效之间的调节作用。其次，从 CVC 母公司和被投资创业企业两个主体，探索 CVC 投资组合多元化对生态链创业企业价值创造的影响机制，并重点分析了母公司价值外溢在多元化和创业企业价值间的中介效应和地域的调节效应。基于不完全契约理论，构建公司创业投资者与企业家不同控制权收益影响下创业企业控制权配置模型，分析技术契合水平对创业企业两类控制权配置的作用机理，应用随机效应模型考察了中国公司创业投资母公司和被投资企业之间技术契合程度对创业企业两种控制权配置的影响。最后，运用组态分析法，基于 CVC 双边组织间关系和母公司资源两个维度，从 CVC 持股比例、CVC 双边技术契合度、CVC 参与程度、母公司知识储备以及母公司的行业特征五个方面，基于组态视角探究影响制造业创业企业创新绩效的有效路径，探究 CVC 介入下的制造业企业创新绩效的作用机制。围绕基于技术契合视角的公司创业投资生态链企业技术创新机理这一主题，提出了促进公司创业投资与生态链企业合作的对策建议。

本书通过全面分析公司创业投资生态链企业的现状与发展模式，深入探讨了 CVC 在中国市场环境中的发展动态及其对企业技术创新和价值创造的影响。作者从资产互补性和技术契合度的角度，解释了 CVC 与独立创业投资（IVC）对创业企业技术创新的差异，并揭示了技术契合度对企业创新绩效的非线性影响及其机制。书中通过大量实证分析，展示了 CVC 在支持企业技术创新与价值增值方面的独特作用，并提出了基于 CVC 生态链的创新提升策略，为政策制定者和企业管理者提供了宝贵的参考。

在学术性方面，本书构建了翔实的理论框架，结合资源基础论、组织学习理论和不完全契约理论，深入剖析了 CVC 与 IVC 在技术创新中的不同作用机制，填补了国内外相关研究的空白，具有较高的学术价值。

在创新性方面，书中提出了技术契合度和地理位置接近性对企业创新绩效的非线性影响，突破了传统观点，提供了新的研究视角和实证证据，为进一步探索 CVC 生态链的创新机理提供了丰富的思路。

在实践性方面，本书不仅揭示了 CVC 对被投资企业技术创新和价值增值的作用，还通过实证分析提出了具体的提升对策和建议，为企业和政策制定者在推动技术创新、优化资源配置和实现高质量发展提供了具有操作性的指导方案。

路江涌

北京大学博雅特聘教授　教育部长江学者特聘教授

# 目　录
## Contents

# 第1章 绪 论

## 1.1 课题背景与研究意义

### 1.1.1 研究背景

创新是经济增长的根本动力，也是国家综合实力的体现。近年来，我国政府越来越重视科技创新，并强调金融对科技创新的支持作用。党的十八大提出"实施创新驱动发展战略"，党的十九大报告提出创新是引领发展的第一动力，要坚定实施创新驱动发展战略、加强对中小企业创新的支持。党的十九届五中全会通过的《中共中央关于制定国民经济和社会发展第十四个五年规划和二〇三五年远景目标的建议》明确提出，在创新驱动发展战略的实施中，要强化企业创新主体地位，促进各类创新要素向企业集聚，发挥大企业引领支撑作用，支持创新型中小微企业成长为创新重要发源地，加强共性技术平台建设，推动产业链上中下游、大中小企业融通创新。党的二十大报告进一步强调"科技是第一生产力、人才是第一资源、创新是第一动力"，提出要加强企业主导的产学研深度融合，强化企业科技创新主体地位，发挥科技型骨干企业引领支撑作用，营造有利于科技型中小微企业成长的良好环境，推动创新链、产业链、资金链和人才链深度融合。

创新是发展的第一动力，是现代化经济体系建设的战略支撑。"大众创业""万众创新"政策提出以来，创业企业数量实现了较大幅度增长。创业企业凭借其巨大的创新能力与水平，在经济"新常态"中发挥着巨大作用。但不少行业创业企业的创新能力依旧比较低，整体创新能力不强。企业的创新水平决定了其竞争地位和自身价值。所以，创业型企业创新能力的增强的问题，是当下经济在升级转型时期亟待解决的关键。

《"十四五"规划和2035年远景目标纲要》中提出，要完善金融支持创新体系，鼓励发展天使投资、创业投资，更好发挥创业投资引导私募股权基金的重要作用。因此，迫切需要建立一种制度体系，对实体经济更好地提供支撑，提高金融服务实体经济能力，建立健全企业技术创新活动的中长期资金供给制度安排，创新直达实体经济的金融产品和服务，以金融创新促进技术创新，以技术创新促进市场主体活力和经济高质量发展。公司创业投资（corporate venture capital，CVC）是指一些非金融性的规模较大的企业通过对初创型企业的权益投资而得到战略收益的一种产融结合模式与外部创新行为。其能够高效地完成企业的整合和协同创新，为创新驱动发展战略的实施和创新型国家的建设注入新的活力。

当今世界正经历百年未有之大变局，随着市场环境的变化和竞争的加剧，企业仅凭自身研究和开发已经很难维持自己的竞争优势，因此需要借助跨部门的协作获取外界的技术和知识，从而增加自己的生产效率和规模。创业公司急需资金、渠道等支持其发展与成长的资源。大公司为了提升自己的创新能力，将目光投向了公司创业投资（CVC），从而弥补了内部创新的缺陷（Schildt et al.，2010）。CVC作为一种专门的风险投资项目，其母公司是非金融性企业。对于大型企业而言，不仅要直接投资，而且要间接投资（Gompers and Erner，2000），以寻找与公司技术和战略相匹配的投资机遇，获取最新的技术或产品，从而掌握未来的发展方向。创业公司具有风险高、契约不完全性的缺陷，并且CVC母公司与自身的信息不对称，使得他们在合作过程中产生分歧和摩擦，因此母公司会优先投资与自身发展方向及战略大体一致的创业公司来规避利益冲突，这对CVC的成功有着非常关键的影响。CVC母公司和创业公司的优势互补性、技术和知识的趋同性等因素，将会促使两个主体进行资源的高效协作，从而有助于其进行创新行为，提升其在CVC生态链中的创新绩效。

有学者认为大企业比中小企业拥有更强的创新能力。但仅仅凭借内部创新，大企业难以维持其在市场中的优势地位。因为"大"，想要在企业内部对新的技术进行试水是非常困难的，故而想要依靠内部力量实现颠覆式创新的可能性微乎其微（Wadhwa et al.，2016）。因为对整体的运营效率的过分强调，所以大型企业往往缺少一双发现新机遇的"眼睛"（Ireland and Webb，2007）。不确定性的环境和不可预测的技术创新发展驱动大型企业通过获取外部技术知识资源来增强自身创新。因此，公司创业投资作为新的风险投资模式成为大势所趋。美国风险投资协会将CVC定义为非金融类企业的风险投资项目，或其附属投资部门对投资组合企业进行的直接投资。CVC是一种开放式创新方法，也是一种特殊的战略联盟（陆方舟等，2014）。创业公司常具备比上市大公司更强的创新水平。CVC 通常从新创企业中获得新的技术或者创新点（Wadhwa et al.，2016）。通过 CVC 投资，母公司见识了领域内新的技术，也获得了创新资源，还可以使初创企业拥有足够资金支持去持续创新。与传统意义上的风险投资不同，CVC 投资不仅想要达成表面的财务目标，还希望能够达成深度的战略目的，包括但不限于发现新的技术窗口、促进母公司内部资源的利用效率以提升内部研发水平、提升各业务部门的创新水平等。大多数 CVC 将眼光投向与母公司专业技术知识有着较高一致性的创业企业。与没有此类"技术契合度"的传统独立创业投资（independent venture capital，IVC）相比，因为母公司与初创公司有更高的行业相关度与技术联系，所以 CVC 对新技术以及新市场的开发能力更强。

## 1.1.2　研究意义

### 1. 理论意义

CVC 投资在全球的快速发展使得理论研究方面得到一定的重视。尽管如此，相比较于在实践中的重要性，CVC 投资的理论研究并不充分。由于近些年国内 CVC 实践的井喷式发展，国内学者也重视起对 CVC 的理论研究，不过研究仍旧相对较少。CVC 投资作为组织从外部获取技术的重要途径，是创造价值十分重要的工具，以及公司创业活动的主要形式。开展 CVC 投资的主要动机在于进行技术搜寻，开拓创新，从而促使公司价值成长。因此，研究基于技术契合角度的 CVC 生态链企业的技术创新机理，不仅可以开辟我国 CVC 研究的新视角，也可以支持并且指导 CVC 投资实践的发展，理论意义较大。

从理论角度来看，许多研究的结果揭示了如何从内部提升中小企业的创新水平与能力。由于风险投资活动在资本市场所占地位日益上升，学者们更加关注风投对中小企业内部创新的影响。国内外学者对风险投资背景、母公司声誉、风险投资持股比例、风险投资联盟中公司数量等诸多因素对中小企业创新的影响进行了研究。蒂蒙斯等（Timmon et al.，1986）提出，风险投资部门和创业企业默契的合作对创新的影响比资金引入更关键，学者们在这之后开始从 CVC 母公司与创业公司合作的角度进行研究。公司创业投资作为特殊的风险投资方式，出现在我国并且开始发展的时间比发达国家要晚很多，并且研究 CVC 母公司与创业公司战略关系的文献较少，大多是从上市公司的角度研究公司风险投资对创新绩效的影响。本书以资源基础论、组织学习理论为基础，基于创业企业的视角，通过对 CVC 母公司和初创公司的技术契合度梳理与剖析，以探究其技术契合如何对创业公司创新绩效起作用。

在对现有的研究进行整理之后，可以看到，相对于 CVC 实践的快速发展，我国对于 CVC 投资活动的理论研究仍然存在着诸多不足，大部分文献都是对国外理论进行剖析和总结，较少文献对"提升 CVC 母公司与初创企业创新绩效以及企业价值增值的因素"进行深入的探讨，同时缺乏相应的实证研究。本书丰富了基于公司创业投资的协同创新、整合式创新理论与模式的研究，完善了技术契合作用于公司创业投资生态链技术创新的机理的研究，丰富了公司创业投资的组织与管理的研究，扩展了以控制权为核心的公司创业投资治理的新型公司治理理论，也为不完全契约理论的发展与应用提供了一个新的思路。

## 2. 现实意义

市场竞争的加剧使得传统的研发与多元化战略难以适应外部环境的变化，越来越多的企业开始通过获取外部资源来提升自己的创新能力。创业企业作为创新的源泉，迫切需要货币和非货币支持自身的发展成长，同时，越来越多的优质企业，特别是高新技术上市企业逐渐介入创业投资市场，开展公司创业投资。从我国实际来说，尽管现阶段中小企业在技术创新方面的速度较可观，但在整体上的质量并没有上去。以往的经验表明，如果外部资源没有被充分利用，企业的创新就难以真正实现，企业竞争地位也会受影响。党的十九大报告强调了创新型国家的建设，也强调了要扶持中小企业的科技创新，使科技成果能够落到实处。近年来，在国家政策影响下，社会各界加强了对中小型企业的科技创新的关注，公司创业投资更是迅速壮大。公司创业投资以母公司的战略目标为基础，不仅提供资金给初创公司，更为其提供了一系列增值服务如先进设备、成熟的管理经验等。不同于传统风险投资，公司创业投资能更透彻地理解创新的本质，而且在母公司的支持下对失败的容忍度更高。

揭示公司创业投资的主要特征对生态链中被投资企业创新活动与创新绩效影响的作用机理，可为促进中国 CVC 的发展、促进各类型高技术创业企业创新能力提升提供经验证据。揭示控制权收益分享对被投资企业经营者创新战略选择的影响，可为优化 CVC 母公司与被投资公司双方的激励约束机制、提高 CVC 投资成功率提供决策支持。通过一系列的政策措施与系统支撑环境构建，促进 CVC 生态链企业整体创新绩效的提升，可为构建新型产融结合模式、增强金融服务实体经济的能力、加快实施创新驱动发展战略提供有力的决策参考。

## 1.2 相关概念界定

### 1.2.1 公司创业投资（CVC）

公司创业投资，是指非金融公司为实现自身战略目的，以股权投资的形式对创业型企业进行的直接或间接投资。CVC 投资活动的行为主体包括投资者、投资单元以及被投资者。投资者通常被称为 CVC 母公司；投资单元包括全资控股 VC 子公司/基金、专项 VC 公司/基金及联合 VC 公司/基金以及直接从事 CVC 投资的公司业务单元或新创业务发展部门等；被投资者，即接受投资的创业中的小型高新技术企业，本书称为初创公司或创业企业。

麦克米伦和布洛克（Macmillan and Block，1986）最先将公司创业投资和公司创业投资单元（CVC Unit）定义为新兴的创业投资组织形式。关于风险投资的内涵界定，学界运用最为广泛的由龚帕斯和勒纳（Gompers and Lerner，2000）提出，由成熟公司对新创企业发起，投资形式多为股权投资。美国风险投资协会将 CVC 定义为非金融类企业的风险投资项目，或企业附属投资部门对其他企业进行的直接投资。万坤扬（2015）把 CVC 界定为为获得战略收益非金融企业直接或间接通过少数股权投资于外部的创业企业。

图 1-1 展示了典型的 CVC 组织结构，参与主体有三个：CVC 母公司、CVC 基金/机构、创业企业，后文中将 CVC 基金/机构统一简称为 CVC。CVC 比 IVC 更友好的是，有了母公司的支持，公司创业投资的投资周期更长，也有了更高的失败容忍能力。CVC 以提供增值服务的形式促进创业企业创新，与初创公司形成联盟或收购初创公司，为母公司获得创新窗口。

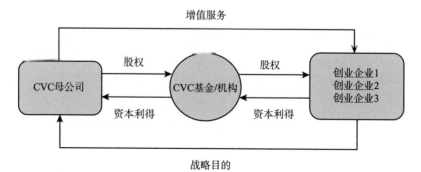

**图 1-1 典型的 CVC 组织结构**

### 1.2.2  CVC生态链

CVC是一种新的股权投资，这种新的投资方式不只是寻求财务绩效最大化（王雷和黄欢欢，2019），更是CVC母公司的一种产业战略布局（田轩，2016），对上下游或将来会触及的领域提前投资，使得母公司的资源整合至一种新的商业关系网中，以得到超出财务利润之外的战略性利润。生态链是在某一群体关系中，通过不一样的层级的组织的合作而形成的链式网络，突出社区中各级组织间的共生平衡关系。生态链作为一种逻辑性质的组合，体现出生态链中的公司通过创造获取价值，并通过传播、吸纳等手段来实现对生态链的优化，从而提升生态链整体的效益（赵凯，2015）。

### 1.2.3  技术契合度

技术契合度，契合是事物互补且能够相互适应的和谐状态，其最佳状态是双方对"对方的预期状况"和"对方提供的实际状况"相一致。CVC母公司与其支持创业企业间的战略目标的一致性、技术接近性，使得CVC母公司更加便捷有效地提供互补性资产，被投资企业也更加高效地接受来自CVC母公司的互补性资产。母公司为CVC投资的创业企业提供了独特的行业知识和技术，创业公司和CVC母公司之间的这种技术契合，使CVC能够拥有更好的行业和技术专长，有助于在投资组合中培育创新。

## 1.3  文献综述

公司创业投资在20世纪60年代兴起于美国。中国首次公司创业投资是在1998年。尽管中国企业的创业投资起步较国外晚，但随着中国经济发展，企业获得了巨大的商机，近年来，国内外许多公司都开始在中国进行公司创业投资，公司创业在中国迅速崛起，并在国内创业投资领域占有一席之地。

20世纪70年代末以来，国外学者针对CVC活动进行了多方面、深层次的研究，并取得丰硕的研究成果。伴随着我国经济的快速发展，尤其是在2009年推出了创业板之后，我国的CVC业务出现了空前的增长。沪深两市CVC在2010年的总投资额达到116.71亿元，表现出公司创业投资对创业巨大的支持作用。但是，我国对于 CVC 的理论研究还比较缺乏。鉴于公司的创业投资在我国的发展中起到了不可忽略的作用，近年来，企业创业投资逐步走入国内学界的视野，很多问题得到了进一步的分析和讨论。

### 1.3.1　公司创业投资与企业创新

公司的创业投资是大型上市公司打破自身瓶颈、进行战略变革、获得外部研发成果的一条十分重要的路径。勒纳（Lerner，2012）指出，也许最好的激发创新的方法就是 CVC "混合"的模型，它把公司的科研实验室和创业公司的特性融合到一起，形成一个不断产生新点子的强有力的体系。随着国内资本市场的迅速成长，国内资本市场的投资对象也逐渐更多。相对于 IVC 而言，CVC 母公司的投资更加侧重于得到战略收益，进而找到其所需的创新"窗口"（Dushnitsky and Lenox，2006；Galloway et al.，2017）。克里斯蒂安娜·韦伯和芭芭拉·韦伯（Christiana Weber and Barbara Weber，2005）研究了德国 31 个 CVC 项目，发现 48% 寻求战略利益，30% 寻求财务利润，而其他企业则把策略和收入看得很重。佟和李（Tong and Li，2011）的研究结论与韦伯（2005）相似，与单纯以财务回报为目的的传统创业投资相比，CVC 更重视引入新技术来提升企业自身的竞争力。推动公司自主创新是众多上市公司进行 CVC 的重要动力。

已经有大量的研究从 CVC 母公司角度出发，对公司创业行为的影响进行分析。林子尧和李新春（2012）以制造业上市企业为研究样本，探讨 CVC 活动对企业财务价值、创新价值和成长价值的影响，研究结果表明，CVC 为上市公司带来的价值主要表现在创新上，有明确战略目标的 CVC 项目对母公司创新推动作用更显著。翟丽（2010）对我国上市公司参与资本市场的数据进行实证分析，结果显示，上市公司参与公司风险投资的短期回报并不明显，而长期回报为负，行业异质性、管理关联以及投资额度对公司业绩有异质性作用。万坤扬和陆文聪（2014）以多重实物期权理论为基础，建立 CVC 母公司、CVC 项目和被投公司为基础的框架，并以此为基础，探讨了多元化投资对投资企业价值的影响。万坤扬（2015）对 CVC 深入分析，结果表明，CVC 的企业数目与公司的创新能力正相关，而公司的消化吸收水平和参与程度则起到正向调节的作用。提图斯和安德森（Titus and Anderson，2018）发现，注意力机制对 CVC 增值起决定作用，这一机制限制了 CVC 选择别的公司。多元化并非越多越好，超过一定限度会造成广而不精，对 CVC 母公司市场优势的提高会起到反作用（Yang et al.，2014；Wadhwa et al.，2016）。贝尔德博斯等人（Belderbos et al.，2018）研究了 55 个活跃 CVC 投资者，结果显示，CVC 投资组合的地域差异可以改善绩效，前提是不会因为地理相近性和联盟内部异质性造成资源的浪费冗余，也不会因为联盟和 CVC 的投资多元化所带来的管理复杂性、协调成本和资源限制。

公司创业投资在提升 CVC 母公司技术创新以及被投资企业的创新能力是否有同时的促进作用？一些学者把研究重点转移到了被投资公司，并对其技术创新进行了深入的探讨。与财务型风险投资机构相比，CVC 在 CVC 母公司的支持下有更长的生存时间，母公司能为创业企业提供产业扶持。伊万洛夫和谢（Ivanov and Xie，2010）发现，CVC 仅对与 CVC 母公司战略目标契合的创业企业进行投资，而 CVC 所带来的增值也多依靠两个单位战略的契合。母公司和初创公司被 CVC 捕捉到的相同特征，便是战略上的契合。故而 CVC 与被投资企业的关系较 IVC 与被投资企业的关系更紧密。CVC 对受资方的需要有更多的了解，可以为其提供更好的营销网络和技术资源，使其新产品能够更快被生产出来进入市场，以获得先机。母公司与被投资公司关键资源的灵活流动能够产生协同效应，使得双方获益。凯马努尔等人（Chemmanur et al.，2011）发现，初创企业的主营业务或正在创新的项目与 CVC 母公司的技术专长相关度越高，吸收母公司提供的资源的能力就越强，从而有更高的风险承受能力，也能够实现长久的创新。与母公司的技术契合程度决定了初创公司创新计划的成功概率，也反向影响了 CVC 母公司战略目的的达成程度。王雷和周方召（2017）从资产互补角度出发，发现 CVC 比对被投资公司追加的科研费用比 IVC 有更好的推动作用，不过 CVC 对被投资公司创新产出的影响较小，CVC 提供不一样的互补资产所带来的影响也不一样。

## 1.3.2　双边技术契合水平与 CVC 生态链创新绩效

学术界鲜有将双边技术契合水平当作关键要素来探讨 CVC 投资价值的文章，也没有从 CVC 投资链条上下游企业的异质性角度来探讨创新绩效的文章，本书对双边技术契合水平与 CVC 生态链条进行分析，并对二者之间的相互影响进行深入的探讨。

在 CVC 投资活动中，双边技术契合水平是一个重要的因素（Dushnitsky and Shaver，2009），如果母公司和被投资企业在战略上是一致的，并且在技术上也是相似的，那么就会使双方的资源更好地吸收转化，从而推动其创新绩效；凯马努尔等（2011）认为，母公司和创业企业拥有更接近的技术和战略，这可以让创业企业吸收更多的技术和知识。除此之外，母公司亦可吸收创业单位的新技术，可以促进其转化出新的科技成果；瓦德瓦等（Wadhwa et al.，2016）的研究同样表明，双边技术契合水平是 CVC 创新绩效的一个关键点，而双方之间技术的匹配程度以及其未来发展关联性都会对创新绩效产生积极的促进影响；瓦德瓦和巴苏（Wadhwa and Basu，2013）发现，仅当被投公司其发展理念和科技成果与母公司相近的时候，才会得到母公司的投资，回报主要表现在母公司与新创公司接近的价值观和技术上；部分学者认为，母公司与新创公司之间的产业关联性能够促成创新，产业关联度能够让 CVC 母公司能够更方便、更有效地为它们提供互补的资源，被投企业也能够更好地从 CVC 母公司获得资源，而两个母公司之间的技术匹配则是母公司与创业企业之间的战略匹配以及价值取向的匹配，这往往会让两个母公司之间的联系变得十分紧密（刘建香，2008），同时，母公司对于短期的创新失误的容忍程度也会增加，这也让母公司和创业企业之间的联系变得更为紧密，母公司与创业企业之间达成了一种完美的平衡。总体而言，母公司与被投公司的技术契合水平对 CVC 创新绩效的影响之间存在着正向、正向的关系。

纵向合作创新是大部分企业最重要的协同创新方式（Suzumura，1992），而 CVC 生态链则是一个由母公司和被投公司组成的纵向合作创新，其结果将带来研发投入、产业利润以及整个社会的整体利益（霍沛军和宣国良，2002）。然而，相较于横向合作创新，纵向在上下游公司的效益动因上存在着异样性（郭丽红和薛伟贤，2004），因此，CVC 在供应链上的上游与下游企业在协同创新中表现出一定的特点与趋势，双边技术契合水平将会对它们的创新绩效造成一定的影响。

CVC 生态链借鉴了生态学的理念，它是指母公司通过对处于上下两个层级的初创公司的投资，通过其投入 - 产出的关系而构成的一条生态链（王发明等，2007）。这条生态链是一种利益链的创新，它是通过 CVC 母公司这个出发点，统合不同产业的利益，突破产业边界，从而达到了跨越式的增长。从根本上而言，生态链是一种网络化的联系，位于不同接合点的 CVC 公司，其技术生成的外部性、专业化生产的程度、信息的交换费用均有差别（蔡铂和聂鸣，2006）。此外，随着新创公司所处地位的不一样，母公司向其带来的价值（如资金供给、市场信息、公司治理经验）也会有所区别。公司与创业企业的技术互补性，以及上下游的异质性，导致资源使用效率存在着差异，从而对 CVC 生态链企业的创新绩效产生差异性效应。在母公司对 CVC 生态链不同节点的创业企业进行投资的时候，双方之间的知识与信息交换存在着差别。根据关系观理论，CVC 生态链中的公司若要取得市场上的优势，关键靠的是关系租金，关系租金源于关系专用性资产（Jeffrey et al.，1998）、信任水平和知识信息共享。其上下游产业的异质性导致母公司与被投资企业关系租金的不同获取路径，进而对 CVC 生态链企业创新绩效造成了不同的作用。

李凯和郭晓玲（2019）指出，资产专用性比较少的公司比资产专用性多的公司更具有优势。新创公司由于这种特殊的资源转换费用很高，而且效率很低，因此，母公司更倾向于保持与新创公司的关联。因为初创公司自身在讨价还价方面没有优势（Dosi G，1988）。追加关系资产的可以提高初创公司的议价底气，而且在双边技术契合水平比较高的时候，加速初创公司对关系资产的使用和消化，进而提升 CVC 生态链初创公司的创新绩效。王丽丽（2011）认为，不管有没有技术溢出，只要下游的企业进行了创新，上游的企业就可以提升其业绩。在创业企业处在生态链的下游的时候，可以利用自己的创新技术，得到更便宜的产品和更大的产量。这个时候，就会对原料等资源有更多的要求。但是，如果母公司与其技术相匹配，行业或者产品也比较相近，那么，母公司就会从其产品需求中得到好处，从而推动 CVC 生态链中的企业，实现创新绩效的提升。此外，通过集合全链关系网内的资源，向其他公司带来技术、管理经验、渠道等，可以推动信息技术共享。处于生态链下游的初创公司由于和顾客进行密切的沟通，可以对市场方向有较精准的掌握，母公司可以按照需要来提供技术、知识、渠道等资源，从而推动企业的创新。

而在上游公司采纳新技术时，由于技术溢出，下游公司会搭便车，这对其绩效不利（李凯等，2014）。在新公司处于生态链的较高位置时，会在开发和生产中使用新技术，以减少其生产成本，母公司会得到成本低于以前的原料，因而业绩得到改善。在与创业企业技术相近的情况下，母公司具有很高的学习能力，初创公司的创新很容易被盗用（Yang，2010），这对创业企业的创新行为的展开不利，妨碍了 CVC 生态链中企业的创新绩效的提升。

### 1.3.3 技术契合度与控制权治理

开放式创新模式逐渐被接纳的同时，关于企业对公司创业投资等开放式创新的研究的也在大量涌现。公司创业投资是一种特殊的混合模式，能够最大化激发创新（Gompers and Josh，1998）。在 CVC 对新公司的投资中，从外部获取创新是其最重要的目的（万坤扬和陆文聪，2014）。仅在 CVC 与创业企业有较高战略契合度时，母公司才会投资，CVC 增值来源于战略契合（Ivanov and Xie，2010）。母公司战略目标的实现程度对控制权配置影响深刻（Masulis and Nahata，2009）。公司创业投资在选择被投资公司时青睐有较高行业相关度的公司，所以 CVC 与初创企业有着比 IVC 更紧密的联系（刘建香，2008）。凯马努尔等（2011）将母公司与被投资公司的战略契合界定为技术契合，这是从鲁滨逊等（Robinson et al.，2008）、富尔吉耶里和塞维里尔（Fulghieri and Sevilir，2009）的理论开拓出来的。契合是事物相互适应的状态，能够起到互补作用，最佳契合是彼此的预期与实际相一致（卜华白，2014）。CVC 母公司与被投资公司一致的战略目标、高度的技术契合，能够提高母公司资源提供的效率，也能够提高被投公司资源吸收的效率（Ivanov and Xie，2010）。母公司提供给创业企业专业私密的技术知识，高度的契合使被投资公司学习更成熟的技术知识更好地利用资源，母公司也能更好地汲取初创公司的点子，进而增加双方创新能力（Chemmanur et al.，2011）。所以高度协同的公司能够达到 CVC 投资的理想目标。

马苏利斯和纳塔（Masulis and Nahata，2009）认为母公司的战略需求对它在初创公司的控制权有重要影响，同时会影响被投资公司的股权定价。派克和斯汀斯玛（Park and Steensma，2012）认为，在不确定性的环境中，CVC 对渴望互补资产的初创公司影响更加显著，双方的资产互补性大大影响到被投资公司的控制权。CVC 的外部联盟影响了其支持的 IPO 企业的治理（Ivanov and Xie，2010）。王春艳等（2016）研究发现，掌握关键资源的单位更能持续拥有控制权。马苏利斯和纳塔（2009）表明，尽管初创公司同时从互补性与竞争性投资者处获得融资，但他们往往会给予竞争性投资者的董事会席位更少。专用技术的提供是 CVC 母公司控制权获取的关键，技术契合度使得不确定性大大降低，从而对控制权分配起到一定的作用。

## 1.3.4 CVC 实践活动及其对母公司的价值影响

在中国，以 CVC 母公司为基础的研究，可以概括为 CVC 投资的实践活动和 CVC 活动对母公司企业价值的影响两个方面的研究。

CVC 实践方面，乔等人（Jo et al.，2010）对 1999～2010 年沪深两市上市公司的创业投资情况进行统计，结果显示，我国 CVC 以获得战略利益为目的，以技术为主，从初期的控股、参股、到后期的直接投资为主。此外，大公司更习惯在初创企业的创业初期对其进行投资。彭学兵和胡剑锋（2011）对 11 家高科技企公司进行了深度访谈并研究了 6 家上市公司年报后指出，成熟大公司常常进行 CVC 投资。

国内学者对 CVC 的经营行为对 CVC 的母公司价值的影响进行了大量的研究，但是得出的结论却是不同的。具体来说，林子尧、李新春（2012）以 2001～2006 年 537 家上市公司为样本进行了研究，发现 CVC 投资额与母公司增值存在显著的负向关系。与此形成鲜明对比的是，孙健和白全民（2010）基于 1999～2006 年 27 家上市公司的 CVC 投资项目实况的研究，发现母公司市值和 CVC 的关系是线性且正向的。宋效中和程玮（2014）搜寻了 141 家上市公司的创业资本档案资料，以策略与财务效益作为投资目标，将样本分成两大类，研究发现，与以投资回报为投资目标的公司相比，其经营绩效受投资强度的影响更大。万坤扬（2015）从投资组合角度出发，研究了持股与不持股两种治理结构，以及两种结构下投资组合多元化对 CVC 母公司价值的影响以及组织冗余的调节效应。对 78 家 2000～2012 年的上市公司和 686 个不同类型的创业公司构造了非均衡的面板数据，利用实证分析和多重实物期权理论对进行实证分析，结果表明，在非控制的企业中，CVC 技术和产业多样化与 CVC 母公司的价值呈现 U 型关系，并且有正的组织冗余调节关系。

## 1.4  研究框架与本书主要内容

第 1 章，绪论。本章分析了本书的研究背景与研究意义，并对研究中涉及的关键变量的内涵进行了界定，总结提炼了本课题的理论基础，最后对国内外相关研究的现状进行了综述。

第 2 章，中国 CVC 发展现状与投资效率。本章首先从发展阶段与特点、CVC 主体公司发展、CVC 投资与代表性行业 CVC 实践等方面分析了中国 CVC 发展现状。其次，对经济政策不确定性下企业生产效率现状以及 CVC 投资的目标模式与战略模式进行了归纳总结。最后，从头部 CVC、互联网 CVC 以及独角兽 CVC 等方面，分析了中国 CVC 投资发展趋势。

第 3 章，基于技术契合的公司创业投资支持企业技术创新与价值增值。本章从资产互补性的视角解释了 CVC 与 IVC 对初创公司技术创新以及价值创造的差异化影响的原因，通过引入技术契合度、地理位置接近性以及双边产品市场关系，揭示了 CVC 对被投资企业技术创新与价值增值的作用机理。运用中国上市公司数据，实证分析了 CVC 与 IVC 对中国被投资企业技术创新投入、产出与市场价值的影响。

第 4 章，技术契合、控制权分配与公司创业投资支持企业技术创新绩效。本章基于 KBV 理论、协同效应研究、组织学习理论以及委托代理理论，以中小板与创业板 2006～2015 年的上市公司为样本，通过混合回归、负二项回归随机效应模型，探究了技术契合度对创业公司创新绩效的影响以及 CVC 控制权的中介作用。

第 5 章，双边技术契合与公司创业投资生态链企业技术创新绩效。本章基于关系观理论，利用 2009～2018 年中小板和创业板上市企业资料，分析了双边技术契合水平对 CVC 生态链上下游被投公司的创新绩效产生的不同作用，并研究了关系专用资产投入程度、信任水平发挥的影响。

第 6 章，基于技术契合的公司创业投资支持企业控制权治理。本章以不完全契约理论为基础，通过建立公司创业投资者与企业家不同控制权收益影响下创业企业控制权配置数理模型，揭示技术契合水平创业企业两类控制权的影响，并给出相关的研究假设。利用 97 个由创业投资支持的上市企业的非平衡面板数据，采用随机效应模型，研究了 CVC 母公司和被投资企业之间技术契合程度对创业企业两种控制权配置的影响。

第 7 章，公司创业投资组合多元化与生态链企业价值创造。本章基于沪深主板上市企业投资的 CVC 项目，从 CVC 母公司和被投资创业企业两个主体，探索 CVC 投资组合多元化对创业企业价值创造的影响机制，重点分析了母公司价值外溢在多元化和创业企业价值间的中介效应和地域的调节效应。

第 8 章，组态视角下公司创业投资生态链企业技术创新绩效提升对策。本章以中小板和创业板上市的制造业企业为样本，运用组态分析方法，基于资源依赖理论与母公司资源支持假说等，从 CVC 双边组织间关系以及母公司资源两个维度，从 CVC 持股比例、CVC 双边技术契合度、CVC 参与程度、母公司知识储备以及母公司的行业特征五个方面，基于组态视角探究影响制造业创业企业创新绩效的有效路径，探究 CVC 介入下的制造业企业创新绩效作用机制。围绕本书主题，提出了促进我国公司创业投资者与创业企业之间合作的一些建议。

# 第2章　中国 CVC 发展现状与投资效率

## 2.1　中国 CVC 发展现状

### 2.1.1　各个阶段发展特点

我国经济水平在三十多年来飞速发展，同时，我国资本市场经历了从无到有、从小到大的发展。经济的发展与投资机构的资金支持息息相关。表 2-1 显示，中国 CVC 在 1998 年起步，开始较晚，但发展较为迅猛。和国外一样，中国的 CVC 发展也分为四个阶段，1998~2009 年、2010~2012 年、2013~2018 年以及 2019 年至今分别为开始、快速发展、高速发展以及调整阶段；CVC 从企业的战略投资部门到独立的投资公司，有了更独立的决策权和更开放的心态，在 VC 市场中的比重越来越高，有着举足轻重的作用。虽然 CVC 发展越来越好，但也存在以下问题：第一，CVC 母公司战略具有多变性，可能会影响 CVC 机构挑选优秀的投资项目；第二，部门之间的信息不对称可能会造成 CVC 母公司投资之后与产业赋能脱节。

表 2-1　　　　　　　　　　各阶段 CVC 发展特点

| 时间 | 阶段 | 特点 |
| --- | --- | --- |
| 1998~2009 年 | 萌芽 | 本土 CVC 数量少、规模小 |
| 2010~2012 年 | 快速发展 | 互联网行业头部设立战略部门，带动 CVC 发展 |
| 2013~2018 年 | 高速发展 | 爆发式增长，数量增多，规模扩大 |
| 2019~2024 年 | 调整 | 政策影响，数量与规模下降 |

## 2.1.2　国内 CVC 主体公司发展现状

截至 2021 年 8 月 30 日，CVC 企业共有 747 个，从行业背景上来看，可以分为互联网 CVC 和非互联网 CVC。腾讯、小米等企业是 CVC 的主体，目前已投资 159 家互联网企业，占比 21.2%。互联网企业投资较为活跃，通过投资，可以相互学习，保持以及提高竞争，涉足其他领域，形成价值转化；通过对产业链的深入投入，能够维持行业的竞争优势，推动技术的不断更新，并在各个产业中实现技术的价值转换。非互联网企业活跃度相较于互联网企业较低，开展 CVC 的非互联网企业中，生产制造、传媒类企业占比较高，母公司作为制造业企业的 CVC 机构，可以在未来将资源赋予具有较高创新能力的企业，从而有效地促进企业的转型和升级。2021 年中国 CVC 主体公司中，非上市公司有 315 家，占比 42%；上市公司 432 家，占比 58%。就注册地而言，如图 2-1 所示，CVC 主体公司注册地在北京与广东的机构占 50%。在北京注册的机构的数量最多，有 231 家。

2020 年最活跃的 50 家 CVC 机构共进行了 802 次投资，平均每个 CVC 机构在 2020 年进行 16 次投资，其中，腾讯投资延续 2019 年的趋势，以 127 次投资列于首位，超过了第 2～5 名投资次数之和，涉及的行业大部分与其主营业务相关，集中于文娱与企业服务行业。

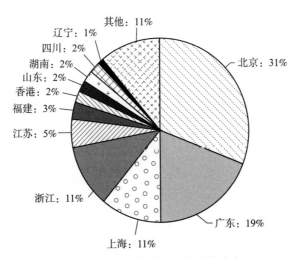

**图 2-1　CVC 主体公司注册地分布**

资料来源：根据《2020 年中国企业风险投资（CVC）发展报告》相关资料整理。

### 2.1.3 中国CVC投资情况分析

图2-2显示，2020年，CVC对外投资数为833起，较2019年下降了31.04%，主要是新冠疫情带来的各方面风险所致。由于疫情，地区之间流动不方便，CVC机构不方便去外地调研与考察项目，此外，疫情对很多公司的现金流有很大的影响，CVC机构对自己投资以后的预期回报的评估更为谨慎，降低了投资的意愿。

2016~2020年，CVC投资事件数量从3166件下降到833件，五年间下降了73.69%，2018~2019年降幅最大，下降了47.55%。2014年，"双创"成为国家战略，2016年正处于高速发展时期，在大环境的影响下，CVC投资机构积极寻找项目进行投资。受2018年提出的《关于规范金融机构资产管理业务的指导意见》（业内普遍称《资管新规》）影响，2019年创投事件迅速下降，此外，2020年的疫情以及中美贸易摩擦也影响了创业投资市场，CVC投资事件数不断下滑。

虽然CVC投资数量显著下降，但是CVC在风险投资市场中的重要性愈发明显。数据显示，2016~2020年CVC投资案例数在风险投资市场中的比例保持在20.10%~22.80%，投资数量受资本寒冬的影响明显，但CVC占比保持稳定，且在2020年，CVC投资案例数在风险投资市场中的占比再创新高。在市场大环境低迷时期，CVC母公司扩展战略版图，利用自身的资金与技术优势，用发展的眼光辨别好项目，达到自己的财务目的以及战略目的。

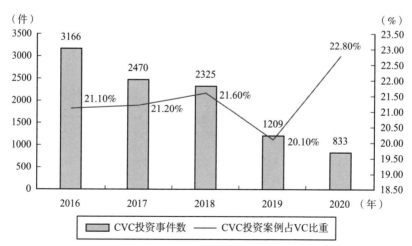

**图2-2 2016~2020年中国CVC投资案例数以及占VC的比重**

资料来源：根据《2020年中国企业风险投资（CVC）发展报告》相关资料整理。

　　图 2-3 和图 2-4 显示，2019 年与 2020 年 CVC 机构投资的行业分布前三名不变，依然是医疗健康、人工智能和企业服务。其中，医疗健康行业投资数量的占比由 14.97% 升高到 18.73%，人工智能上升了一个名次，企业服务下降了一个名次，投资集中度从 2019 年的 12.49% 上升到 2020 年的 12.61%，行业集中度升高，表明各大机构对于投资的方向基本一致。

　　与 2019 年相比，CVC 投资 2020 年前十大排名中增加了电子商务行业，电子商务行业代替了传统行业，这可能也受到疫情的影响，疫情使得人们偏向选择线上购物以及在线教育等，这增加了电子商务行业的热度，每日优鲜、十荟团等在 2020 年均获得投资。

　　排名上升较快的行业有智能制造行业和汽车交通行业，分别从第八名上升到第四名、第九名上升到第六名。但从行业的投资数量占比而言，智能制造业大幅度提高，汽车交通业的比例在降低，智能制造越来越受到 CVC 的关注，这是由于国家提出新基建的发展理念，推动绿色制造以及智能制造的发展，2020 年经济政策不确定性影响着企业的投资决策，企业的投资偏好受到了影响。

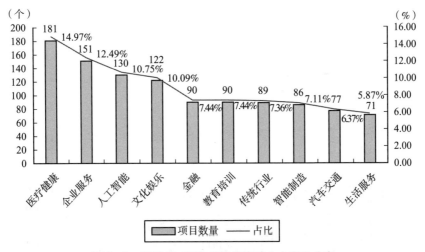

**图 2-3　2019 年 CVC 机构投资前十大行业分布**

资料来源：根据《2020 年中国企业风险投资（CVC）发展报告》相关资料整理。

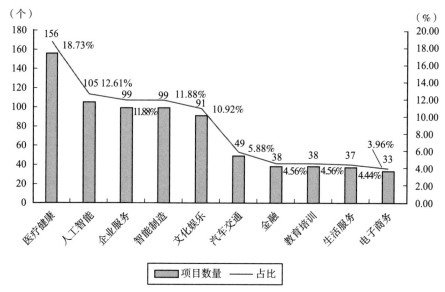

**图 2 - 4  2020 年 CVC 机构投资前十大行业分布**

资料来源：根据《2020 年中国企业风险投资（CVC）发展报告》相关资料整理。

2019～2020 年的 CVC 投资项目地域分布如图 2 - 5 与图 2 - 6 所示，CVC 投资地区集中于北京、上海、广东、浙江和江苏。其中，北京、上海、广东都是最受欢迎的地区，2019 年分别为 460 起、296 起和 239 起，虽然北京仍居第一，但是占比明显下降，上海、广东的占比有所上升。

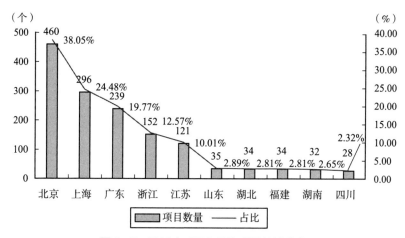

**图 2 - 5  2019 年 CVC 投资项目地域分布**

资料来源：根据《2020 年中国企业风险投资（CVC）发展报告》相关资料整理。

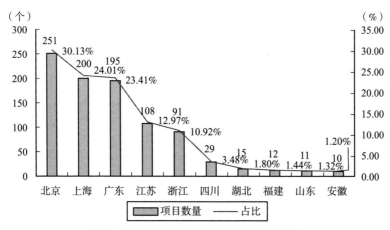

图 2 - 6 2020 年 CVC 投资项目地域分布

资料来源：根据《2020 年中国企业风险投资（CVC）发展报告》相关资料整理。

2020 年 CVC 机构投资的江苏项目数量较年有所减少，但占比变高，升高了 2.9%，达到 12.97%。江苏获得投资的行业主要集中于医疗健康、智能制造、企业服务行业等，分别占 34%、13%、10%，代表企业有德昇济医药、同程生活等。

## 2.1.4 代表性行业的 CVC 实践

腾讯投资、百度集团、阿里巴巴是互联网投资机构的代表，由图 2 - 7 可知，2016～2020 年，腾讯投资的项目数量一直遥遥领先，百度集团在 2018 年以后逐渐超过阿里巴巴，2018 年为互联网大厂在五年中投资数量最多的一年，百度集团与阿里巴巴在疫情的影响下投资行为更加小心谨慎。

腾讯投资围绕文娱行业，截至 2020 年底，腾讯投资在文娱行业共发生了 253 次投资。阿里巴巴在 2018 年报中提出进行投资的前提是提高战略协同，其对外投资大多围绕电商布局，百度则集中对于 AI 领域的投资，2021 年陆续投资了百凌小度科技、小鱼在家等企业，同时，百度集团也看好人工智能与医疗健康的结合，2020 年陆续投资了宸安生物、深透医疗等，探索医疗信息化。

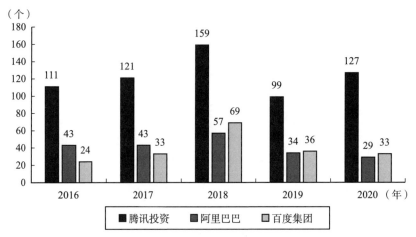

**图 2 - 7　2016 ~ 2020 年三家互联网知名企业的 CVC 数量对比**
资料来源：根据《2020 年中国企业风险投资（CVC）发展报告》相关资料整理。

先进制造业的创投机构并没有因为 2020 年的疫情而减少投资数量，都呈现大幅度上涨，且都是在持续下降的基础上迎来投资数量上升的转折点（见图 2 - 8）。在行业分布上，联想创投主要投资集中于人工智能方面，2020 年发生的 58 起投资中人工智能行业的项目占比达 53%。联想创投不以短期效益为目标，而是以联想企业提供业务增长以及技术创新为条件。小米集团在行业分布上主要集中于智能制造行业，2020 年智能制造行业共投资 9 起，包括比亚迪半导体等企业；北汽产投以母公司的产业背景为基础，专注于汽车全产业链投资，在 2020 年加大了对汽车智能化产业方面的投资。

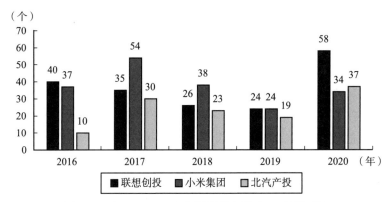

**图 2 - 8　2016 ~ 2020 年先进制造业的 CVC 数量对比**
资料来源：根据《2020 年中国企业风险投资（CVC）发展报告》相关资料整理。

由于我国互联网的较快发展，海外市场已经是互联网龙头企业重要的业务增长点，如 2020 年腾讯投资在美国、印度、日本都有投资，而对于先进制造业 CVC 没有进行海外投资的强烈意愿，根本原因是我国在关键核心技术突破上还有较大的发展空间。

## 2.2　经济政策不确定性下企业生产效率现状分析

企业生产效率代表的是投入产出比。随着产品更新周期越来越短以及企业间竞争程度的加剧，传统要素生产效率带来的影响已经不及新型要素带来的影响，所以，企业、国家倾向于用新兴要素描述企业生产效率。

我国注重科技创新，认为科学技术是第一生产力，强调创新对生产效率的推动作用，所以，本书从《中国创新指数研究》中选取相关创新指数来反映生产效率的变化。由图 2－9 可知，2012～2020 年，我国的创新能力和水平持续提高，创新环境得到改善，创新投资规模稳定增长，创新产出快速增长，创新效果日益显现，生产效率进一步提高。

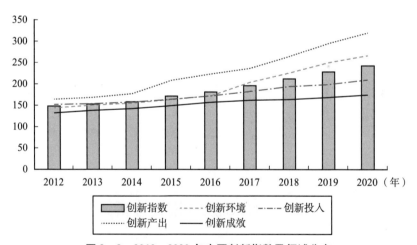

**图 2－9　2012～2020 年中国创新指数及领域分布**

资料来源：据国家统计局社科文司《中国创新指数研究》相关资料整理。

根据《中国创新指数研究》中对创新成效的解释，选取能够反映创新成效的指标来体现我国生产效率的变化。如图 2－10 所示，2012～2020 年，"新产品销售额对主营业务收入的比重"持续增长，"高科技产品出口与商品出口比例"呈现震荡式上升态势，在 2014 年和 2019 年降低，总体而言变化幅度不大，前者反映企业创新成果，后者反映创新的国际影响程度，后者可能受到相关贸易政策、海外贸易壁垒的影响较大。

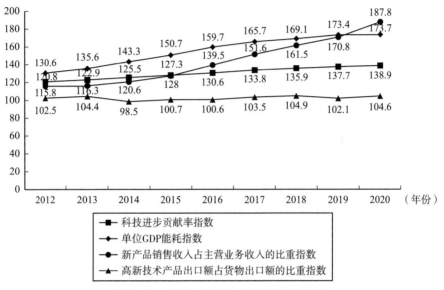

**图 2 – 10    2012 ~ 2020 年企业创新成效指数**

资料来源：据国家统计局社科文司《中国创新指数研究》相关资料整理。

"人均主营业务收入""科技进步贡献率"和"单位 GDP 能耗"能一定程度上反映企业的生产效率，在 2012 ~ 2020 年间除了年人均主营业务收入降低之外，其他指标总体呈现上升趋势。表明这几年我国企业节约能源，支持绿色发展，创新环境优化，通过先进的管理、创新的技术、高素质人才来提高生产效率。

## 2.3    CVC 投资模式分析

### 2.3.1    CVC 投资目标模式分类

CVC 有别于 IVC，在进行投资时要同时考虑到财务和战略上的利益。对大部分 CVC 来说，获得战略利益是第一位的。哈佛大学教授切斯伯勒（Chesbrough，2002）提出 CVC 投资的首要准则应当为提高母公司的经营业绩而非获得财务收益。切斯伯勒教授结合 CVC 母公司与创业企业的经营契合度，以战略和财务两个目标为基础，将 CVC 总结划分成图 2 – 11 的四个类型。

（1）驱动型投资（driving investment）：以战略利益为导向，其与新创企业之间的商业关系密切，投资符合其战略发展的需要。

（2）补充型投资（enabling investment）：着眼于战略利益，而 CVC 的母公司则很少与创业公司进行业务往来，其目的在于建立自己的商业生态，从而在本土市场中建立自己的地位。

（3）期权式投资（emergent investment）：以财务目标为主，双方建立了紧密的商业关系。CVC 通过在创业中寻找一种新的经营方式，当市场变化时，它能够运用期权获得财务和策略上的利益。期权投资难以快速盈利。

（4）被动式投资（passive investment）：追求财务目标，双方业务往来较少。

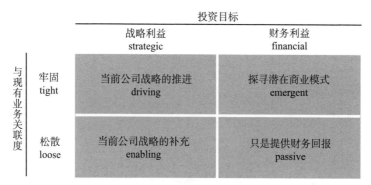

**图 2 – 11　CVC 四类目标模式**

资料来源：Chesbrough Henry W. Making sense of corporate venture capital［J］. Harvard Business Review，2002，80（3）.

2020 年 1 ~ 6 月，我国 CVC 投资活动项目以及投资总额同比下滑 16.95%、34.57%。受疫情冲击，CVC 纷纷放慢了脚步，采取了静观其变的态度；不过头部 CVC 投资机构如小米、腾讯等对风险的承受力很强，在大多数投资者都较为谨慎的情况下，它们却加大投资规模，所以 CVC 的总投入比 2019 年还要多。而像快手、哈勃这些新兴 CVC 投资机构也在这段时间里加大了投资规模，在大部分 CVC 都保持着相对稳妥的态度的前提下，这些新兴 CVC 机构的投入正在慢慢逼近那些排名靠前的公司。

## 2.3.2　国内 CVC 投资战略模式

国内的 CVC 有两种，一种以小米为代表，横向延伸核心业务，另一种是纵向拓展其核心业务。图 2 - 12 是我国典型的 CVC 投资企业投资战略模型矩阵。在这些项目中，圆的尺寸代表 CVC 的投资规模，横向轴线代表 CVC 的生态扩张，垂直轴线代表 CVC 的技术导向。横向虚线代表技术进步对产业的影响，而垂直虚线则代表发展规模。从矩阵图可以看出，像腾讯这样的互联网企业，不会在未成规模时进行 CVC 投资，它们虽然注重领域前沿的技术，但平台导向会比技术导向更重要。但是像顾家家居这样的非网络公司往往在发展初期就进行战略性投资，这是由于其在技术开发和获得方面面临较高壁垒。

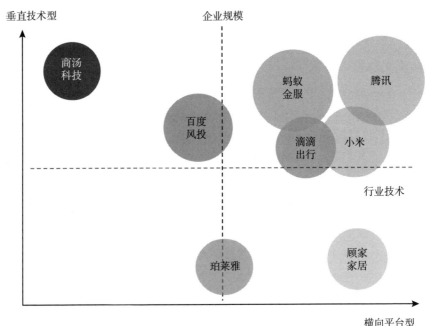

**图 2 - 12　我国 CVC 投资企业典型投资战略模型矩阵**

资料来源：根据清华五道口金融学院《2018 中国 CVC 专题报告》及相关资料整理。

## 2.4　中国 CVC 投资发展趋势

### 2.4.1　头部 CVC 投资愈发集中

CVC 投资主要是为了寻找外部科技创新的动力源，根据公司的"以创新为导向"的发展策略，行业龙头公司为了维持竞争优势，会积极主动地吸收创新资源，从而提高公司的整体竞争力。2020 年，前十大机构投资总额占全部

VC 投资总额的41.40%，与 2019 年度的 34.20% 相比较，出现了大幅度增长。其中分化较为突出的腾讯公司在 CVC 中的份额一直都是最大的，2020 年和 2019 年分别占到了总投资额的 16.91% 和 13.02%，而且还在持续增长，遥遥领先于其他机构。受头部企业的影响，越来越多的初创公司加入 CVC，持续地累积自己的投资和管理经验，从而构成一个良好的市场回路，头部企业持续成长，并慢慢地占据绝大多数的市场。

## 2.4.2　互联网 CVC 将成为投资机构的主要形式

CVC 在中国起步时，其投资主体以传统企业为主。随着互联网产业的崛起，资本市场中的互联网巨头层出不穷，互联网资本市场也日趋活跃，多家互联网类企业进入了 CVC 最具影响力的榜单。互联网 CVC 不断扩张以及产业链不断垂直延伸，互联网 CVC 逐步成为一个日益受到重视的行业，甚至成为行业的主流。

## 2.4.3　独角兽 CVC 机构将更加活跃

独角兽 CVC 机构以其独有的市场竞争力已经在我国的 CVC 投资市场成为一个特色。由于独角兽企业本身的稀缺性，我国的独角兽 CVC 机构仅有 20 余家，在 CVC 机构中的占比很小，但是独角兽 CVC 机构却展现出巨大的活跃性和力量。2020 年的上半年独角兽 CVC 机构以小基数做大动作，CVC 投资活动项目占比超过 10%。虽然独角兽 CVC 机构大多成立时间较短，在投资广度和深度上有些不及传统 CVC 和互联网 CVC 机构，但是随着新兴领域的不断成熟和国家政策的有力支持，独角兽 CVC 的投资规模将会不断扩大，成为 CVC 投资领域中非常活跃的一部分。

## 2.4.4　CVC 投资占比升高，成为风险投资领域的重要组成部分

与 IVC 对比，CVC 具备很大的优越性，比如，相对于 IVC，CVC 在管理经验、市场知识、高层技术等方面都具备很强的优越性，这对被投公司的发展起到了很大的促进作用；其可以为被投公司带来互补性资源，从而增加了公司的成活率；同时，CVC 对短期的亏损也比较宽容，对风险的承受能力比较强。除此之外，通过对初创公司的投入，也有助于母公司自身的发展，从而提高其

对外的技术创新水平。正是因为具有这样一些明显的优势，CVC 在境内 VC 中的比例越来越高。

### 2.4.5　CVC 投资的领域呈现多元化趋势

CVC 既要维持公司的技术发展势头，又要加强对公司产业链的整合，以减少与分散企业的运营缺陷，提升公司竞争力。像小米公司，就是围绕着自己的主营业务，建立了 CVC 生态链的三个圈子，通过向不同的行业领域进行多样性的投资，提升了其对风险的应对能力，扩大了公司的经营范围。

近几年，我国 CVC 投资的行业比例都较为均衡，除了企业服务占比略高一点，为 15.15%，其余行业的投资所占比例均低于 10%。[①] 随着 CVC 投资机构不断追求投资多元化以及不同行业的 CVC 机构不断出现，CVC 投资的领域呈现多元化趋势。

---

① 资料来源：《2020 年中国企业风险投资（CVC）发展报告》。

# 第3章 基于技术契合的公司创业投资支持企业技术创新与价值增值

本章从资产互补性的视角解释了 CVC 和 IVC 对初创公司技术创新以及价值创造的差异化影响的原因，通过引入技术契合度、地理位置接近性以及双边产品市场关系，揭示了 CVC 对被投资企业技术创新与价值增值的作用机理。运用中国上市公司数据，实证分析了 CVC 与 IVC 对中国被投资企业技术创新投入、产出与市场价值的影响。研究发现，CVC 对被投资企业的研发投入、发明专利产出、市场价值均有一定程度的正向影响，CVC 支持企业的研发投入显著高于 IVC 支持的企业。CVC 母公司与被投资企业间的地理位置接近性对被投资企业的研发投入与市场价值有显著正向影响，但 IVC 机构与被投资企业间的地理位置接近性却会抑制被投资企业的研发投入。CVC 母公司与被投资企业间的技术契合度对企业技术创新与市场价值的影响均不显著。引入 CVC 母公司与被投资企业间的产品市场关系后发现，CVC 母公司与被投资企业间产品市场关系为互补性时，双方的技术契合度会抑制被投资企业的研发投入，但是能够促进被投资企业的发明专利产出。在 CVC 母公司与被投资企业间产品市场关系为竞争性时，双方的技术契合度能够促进被投资企业的研发投入，但会抑制被投资企业的发明名专利产出。实证结果表明，CVC 对中国被投资企业的技术创新投入具有显著正向促进作用，但在促进被投资企业技术创新产出方面 CVC 的功能并不非常优于 IVC。此外，中国市场环境下，CVC 与 IVC 对被投资企业的价值创造功能均不显著。

## 3.1 理论分析与研究假设

### 3.1.1 CVC 母公司提供的互补资产对被投资企业的影响

企业一般可以通过最小化经济交换中交易成本的方式提升业绩，而资产的专用性被认为是决定经济交换的交易成本中特别重要的一点（Williamson，1976；David and Han，2004）。由于短期内开发这些资产的高昂成本和困难，所以内部开发专用性互补资产对新创企业来说并不可行（Aghion and Tirole，1992）。威廉姆森（Williamson，1976）的研究表明，基于距离型市场关系，在没有过多会强制提高交易成本的合约规定、惩罚性条款以及监督机制的情况下，一般的成熟企业是不会愿意向新创企业提供专用性互补资产的。因此，新创企业面临着来自市场公开信息获得专门的互补性资产的显著挑战。新创企业应对这一挑战的方法是，从可以提供专用性互补资产的成熟企业进行股权融资，即吸引 CVC 投资。一个新创企业中的 CVC 母公司的股权应当是作为约束企业家不当行为的有效安全保障，并且它能使 CVC 母公司向新创企业提供有效的互补性资产。股权能够为 CVC 母公司提供专用性互补资产创造激励，特别是在它们的资产对新创企业的成功有重要贡献的情况下。需要成功的技术商业化的专用性互补资产的新创企业可以有效地从 CVC 母公司获得这些资产，CVC 母公司拥有新创企业的股权，这比它们从没有这样股权的成熟型公司获得这些资产更有效（Park and Steensma，2012）。公司创业投资项目可以吸引研发人员进行技术尽职调查和研究咨询，鼓励企业高管敏感地洞察到行业发展趋势（Henricks，2002）。公司创业投资母公司通常通过股权投资、参与企业决策与治理、合作研发、共享资源以及派驻管理、技术人员等渠道与形式，向被投资企业提供互补性资产，以支持和加快被投资企业的发展（Keil et al.，2008；Dushnitsky，2009）。受 CVC 支持的企业获得的互补性资产远大于受独立创业投资支持的企业，因而前者能够取得更大的创新成果（Garrido and Dushnitsky，2016）。

### 3.1.2　公司创业投资与被投资企业价值增值

当被投资企业 IPO 时，不同类型的 CVC 投资者会影响被投企业的发行价格。被投资企业与公司创业投资者之间关系的影响在新兴市场中比在传统市场中大，IPO 市场中 CVC 投资者传播的技术和声望提供了额外的价格折扣（Ginsberg et al.，2011）。伊万洛夫和谢（2010）通过实证分析发现，有公司创业投资背景的新成立公司在首次公开募股和被收购时能获得更高的估值。具有战略性公司创业投资支持的创业企业在成为兼并目标时也会具有更高的收购溢价（Masulis and Nahata，2009）。

公司创业投资通常投资一个以上的初创企业，在给定的时间从事积极的投资组合管理，以最大化它们的投资回报。规模较小的投资组合给公司创业投资家们提供了更强的激励，以提供给被支持企业，规模较大的投资组合允许初创企业人力资本再分配，当初创企业失败的概率很高及初创企业与 CVC 母公司在技术上高度相关时这是有价值的（Kanniainen and Keuschnigg，2004；Fulghieri and Sevilir，2009）。有实力的大公司可以利用 CVC 为新创企业提供互补的能力与资源，从而提高被投资企业的成功概率。挑选优质项目的能力和增值服务都有利于企业获得更高的财务回报（Keil，2004）。CVC 通过资源获取、知识获取和背书效益等机制，为技术型新公司增加融资以外的价值。当大公司将公司创业投资资金致力于发展新技术时，CVC 活动将创造更多价值（Dushnitsky and Lenox，2005）。在资源主导型的逻辑下，公司创投项目创造价值的潜力来自组合投资与公司业务单位之间的资源结合或转移（Henderson and Leleux，2005）。

　　CVC 的鲜明特征是其与大型行业企业建立了密切的联系。被投企业通常被创建为公司研发部门中独立的附属公司或非正式单位。作为这种联系的直接结果，它们可以利用母公司资产和能力以方便投资组合公司的成长和发展（Block and MacMillan，1986）。例如，母公司可以给被投资的初创企业提供技术研发支持、产品开发援助、制造能力、营销和分销渠道。CVC 也可以把创业企业与母公司各业务部门联系起来，帮助建立它们之间的合作关系。

　　一部分大型行业企业也给 CVC 提供企业内部信息网络通道。它们与母公司其他部门的联系会产生一些关于这些部门运营的行业及产品市场的内在信息。CVC 可以用此信息来帮助创业企业制定更好的经营策略，使其在产品市场更有效地竞争。

　　CVC 支持初创企业的另一益处是给新兴的、未被认可的企业增加信誉（McNally，1997）。大多数 CVC 母公司在各自的行业中是知名的引领者，它们作为投资者可以发送有关初创企业前景的积极信号，缓解初创企业周围的信息不对称。不确定性的减少有助于创业企业与潜在的联盟伙伴、供应商和客户互动，并帮助初创企业在资本市场上获得更高的估值。

　　无论是从投资家还是企业家的角度出发，公司创业投资作为股权投资者都为创业企业提供了若干好处。除了提供资金，CVC 投资者往往可以提供所需的互补性资产和技能，包括技术诀窍，获得销售渠道以及生产等，这些互补性资产对于一个年轻的新创企业来说是非常有价值的（Chesbrough，2002）。此外，CVC 投资者可以帮助"担保"创业企业给第三方，从而帮助初创公司吸引新客户并确保以后的融资（Stuart et al.，1999；Maula and Murray，2017）。

研究表明，在以企业上市的速度和它们估值的评判标准下，有 CVC 支持的公司大体上比仅有独立创投背景的初创企业通过公开发行退出的成功率大（Stuart et al.，1999；Gompers and Lerner，2000；Maula and Murray，2017）。同时，在 IPO 环境条件不利的情况下，CVC 投资者还能提供流动性给投资对象。

综合以上分析，提出以下研究假设。

H3 - 1：CVC 对被投资企业市场价值具有显著的正向促进作用。同时，由于 CVC 能够为被投资企业提供更高的互补性资产，因而 CVC 支持的创业企业比 IVC 支持的创业企业具有更大的市场价值。

### 3.1.3　公司创业投资与被投资企业技术创新

通过 CVC 活动，母公司和被投企业都会从中受益，被投资企业除了可以从 CVC 母公司那里获得资金，还可以得到一定程度的投资者的市场资源、管理层的帮助和技术指导等互补性资产，从而促进被投企业的技术创新和增加市场竞争。

公司创业投资（CVC）与独立创业投资（IVC）在组织结构、目标、投资行为以及提供给投资组合公司的服务范围上显著不同（Gompers and Lerner，2000）。两者拥有不同的所有权结构、不同的投资目标和诱因以及不同的组织和补偿架构。IVC 与 CVC 最大的不同在于后者对于投资的战略性目标的关注。通过投资战略性投资与提供互补性资产，公司创业投资为其母公司提供了接触有潜力的技术和创新的机会，并且帮助母公司识别潜在客户和供应商。母公司经常与其投资的企业形成战略性联盟或其他商业关系，这些商业关系可以为公司创业投资的母公司提供重要的战略性和财务优势。因此，公司创业投资对于其投资企业的治理兴趣有更长的期限。也就是说，公司创业投资比独立创业投资对被投资企业具有更长期的支持与包容性，公司创业投资家对失败具有更强的承受力。凯马努尔等人（2011）通过 CVC 比 IVC 更容易激发创新精神来探讨对失败的容忍以及技术契合两种潜在的经济机制，分析了公司创业投资家如何区别于 IVC 对创业企业的创新起作用。鲁滨逊（2008）认为由于战略联盟间拥有更高水平的互补性资产，能够容忍创新的失败、帮助克服激励问题，因此更有利于支持技术创新。同样，曼索（Manso，2011）认为，因为创新是一项复杂的活动，激励创新的最佳方式是在短期内容忍失败，长期则奖励成功。在此背景下，容忍失败也许可以定义为创业投资者允许创业型企业花额外的时间去克服创新过程中的挫折或失败的程度。因此，继田和王（Tian and Wang，

2014）之后，郭、罗以及卡斯特里洛（Guo，Luo and Castrillo，2015）将容忍失败量化为创业投资家允许创业型企业在它们撤资之前实现项目成果的时间，发现由于互补性资产的存在，CVC 比 IVC 容忍创新失败的程度更高，公司创业投资者对失败的容忍度会给投资组合的创新输出带来正向影响。对失败有着更高容忍度是一个使 CVC 比 IVC 更容易培育创新的重要机制。

此外，CVC 组织形式也有助于在 CVC 母公司和创业企业间传送与创新有关的信息，这在 IVC 投资中是比较难实现的。CVC 投资者比较频繁地利用有限的合作伙伴。更重要的是，CVC 投资经理与其母公司的关系非常亲密，这将减少两者之间的信息不对称问题，并且减少信号传递的损耗（Bertoni et al.，2013）。因此，CVC 独有的特征，即较长的投资视野、较少的绩效驱动补偿方案、母公司的行业技术支持，使得 CVC 能够为被投资企业提供更好的互补性资产的支持，对其投资的创业型企业也能更加容忍失败，因而比 IVC 更能促进创新。

综合以上分析，提出以下研究假设。

H3－2：CVC 对被投资企业技术创新具有显著的促进作用。

综上分析可以发现，与 IVC 相比较，CVC 能够为被投资的创业企业提供互补性资产，因而 CVC 支持的创业企业比 IVC 支持的创业企业具有更高的技术创新能力和市场价值。而 CVC 母公司与被投资企业间的战略目标的一致性、技术接近性（技术契合）以及地理位置接近性，使得 CVC 母公司能够为被投资创业企业提供更加方便有效的互补性资产，也使得被投资的创业企业更容易接受和运用接收到的互补性资产（Ivanov and Xie，2010；Chemmanur et al.，2011；Garrido and Dushnitsky，2016）。

## 3.1.4　技术契合的调节作用

不同于 IVC 的唯一目标是追求财务回报，CVC 通常有一个战略目标，即通过引进新想法或者新技术来提高母公司的竞争优势（MacMillan et al.，1986）。因此，对于 CVC 来说，在其母公司和被投企业之间寻找共同点是非常常见的。与 CVC 母公司联系紧密的被投资企业可以利用 CVC 母公司的生产厂房、分销渠道、技术或者品牌，并借鉴 CVC 母公司的商业行为来构建、出售或服务于自身产品。反过来，母公司也可以获得一个接触新技术以及新市场的窗口，从而促进其现有业务（MacMillan et al.，1986）。因此，母公司为 CVC 提供了独特的知识及被投公司所使用的技术，即专用性互补性资产。创业企业以及 CVC 母公司之间的技术契合使得 CVC 能获得比较优越的行业资源及技术专长，并且能充分理解创业企业的技术，从而促进这些投资组合公司的创新。这种 CVC 组织形式也促进了 CVC 母公司及创业企业之间的与创新项目有关的软信息的传播，而这种传播在 IVC 投资中是很难实现的。

从公司创业投资的母公司和其所投资的新创企业间的战略契合中获得更多的行业特定的知识即互补性资产，是公司创业投资比独立的创业投资更能培养被投资公司创新能力的关键机制（Chemmanur et al.，2011）。只有在初创公司与 CVC 在战略目标方面契合时，CVC 才会对创业企业进行投资，此外，公司的创业者所带来的增值，也大多是与其母公司的战略目标相匹配的创业公司和公司的创业投资（Ivanov and Xie，2010）。战略契合（strategy fit）被定义为投资项目目标和公司战略间的一致性，是公司战略指导技术、产品开发的程度。战略契合与团队绩效和新产品开发力度有关（Shum and Lin，2007）。拥有一致的战略目标能够让"同一个愿景"共享，意味着能够更加深入地理解产品开发是如何支持公司战略的。战略契合有助于在各种决策中寻求一致性，以一种不同寻常的方式来满足客户需求，并在公司现有技术和制造工艺上建立协同关系，从而有利于成功产品的开发。加巴和巴塔查里亚（Gaba and Bhattacharya，2016）从公司行为学的视角分析认为，与其战略目标相一致的创新绩效是公司实施 CVC 的关键要素，当公司的创新业绩达到预期的程度时，公司往往会选择接受而不会终止 CVC。

CVC 与 IVC 最大的不同之处在于，后者一般都是以战略为基础进行投资，并且有可能与其投资公司组成不同的策略联盟。CVC 在选择投资对象的时候，往往会选择符合自身发展战略的创业公司，这有利于自身发展新技术并维护优势（Ivanov and Xie，2010）。麦克纳利（McNally，1997）调查了英国公司的 CVC 活动，发现除去财务目标，CVC 的最重要的战略目标是识别新市场、接触新技术、识别新产品和发展业务关系。韦伯（2005）分析了德国 31 个 CVC 项目，结果显示 48% 的项目重点在战略收益上，30% 的项目重点为财务目标。由此可以发现，CVC 母公司进行投资的主要战略目标是通过投资创业企业进行外部创新。凯马努尔等（Chemmanur et al.，2011）将 CVC 母公司与被投资企业间的战略契合具体化，并界定为技术契合（technological fit）。富尔吉耶里和塞维里尔（Fulghieri and Sevilir，2009）认为，在某些情况下，公司会从内部转移到外部组织结构，以提高产品创新速度，获得相对于同行业竞争对手的竞争优势。同样地，鲁滨逊（2008）认为，企业更加偏向于通过战略联盟来实施长期项目，而不是内部组织项目。他认为，战略联盟有助于克服与实施这些和项目有关的激励问题。推而广之，与 CVC 母公司的技术专长相契合的创业企业由于能够更好地吸收利用母公司所提供的互补性资产，因而在追求风险、长期的创新时能获得显著优势。此外，与其投资的创业公司的运营技术领域相同的 CVC 能获得更好的行业和技术专长，这样的 CVC 能够比那些没有技术契合的 CVC 更好地发展和培育新的技术和产品市场前景（与 IVC 相比也是如此）。凯马努尔（2011）发现靠近 CVC 母公司行业专长运营（例如，与母公司更加技术契合）的创业型公司更加擅长创新。这一发现与 CVC 卓越的技术专长一致，这种技术专长使得 CVC 能够更好地衡量企业 R&D 项目的质量，并更好地促进企业成长。

综合以上分析，提出以下研究假设。

H3 - 3：技术契合度的增加对创业企业的创新绩效具有显著促进作用。

H3 - 4：技术契合度的增加对创业企业的市场价值具有显著促进作用。

### 3.1.5　地理位置接近性的调节作用

影响公司创业投资中互补性资产作用的另一个重要因素是 CVC 母公司与被投资企业间的地理距离。加里多和杜什尼茨基（Garrido and Dushnitsky, 2016）通过对美国生物医药行业的实证研究发现，地理距离降低了项目发现阶段实验室的可得性。当被投资企业与 CVC 母公司在同一区域时，被投资企业的互补性资产缺口较小；当被投资企业与 CVC 母公司不在同一区域时，被投资企业的互补性资产缺口较大。在技术研发的初始阶段，企业研发以及实验室的作用很大。这些互补性资产是公司创业母公司投资提供的独特资源。也就是说，创业企业无法从独立创业投资家那里获得技术创新所需的尖端的研发设备和人员，因为独立创业投资并不具备这样的专用性互补性资产。CVC 母公司中越接近创业企业的研发设施，越有机会从中受益。新技术开发面临的资源要么昂贵，要么稀少，或两者兼而有之，并要求接近企业研发设施和实验室。同样重要的是研发人员。已有研究表明创新工作进展有很强的本地性（Jaffe et al., 1993）。正因为新技术的开发研究是不确定的，而且创新与新奇想法的不断更新、讨论相关（Agrawal et al., 2006; Fleming et al., 2007），因此，要求企业在地理上有更紧密的联系，以便 CVC 的母公司和被投资公司的研发人员更好地沟通。卡塔利尼（Catalini, 2018）的研究结果显示，当研究人员位置接近时，它们的创新突破机会会更大。

地理位置的接近使得被投资企业有潜力从 CVC 母公司提供的互补性资产

中受益。在地理上越邻近，CVC 母公司越有可能识别被投资企业潜在的能力。相反，如果 CVC 支持的企业与 CVC 母公司相距甚远，则该企业与母公司实验室和研发人员的联系较少。这样，被投资企业所面临的 CVC 投资者的互补资产组合与独立创业投资之间的差别较小。另外，如果 CVC 母公司与被投资企业分布在不同区域，会使得 CVC 活动双方公司在地域上的管理度不同。通常，当投资公司与被投企业两者所处地域相同时，两者之间的交流会更加密切，双方不论是管理层还是技术人员的沟通联系更为方便，有利于资源在两者间有效流动。

综上分析，提出以下研究假设。

H3 - 5：CVC 母公司与被投资创业企业间的地域接近性对被投资创业企业的技术创新绩效有正向影响。

H3 - 6：CVC 母公司与被投资创业企业间的地域接近性对被投资创业企业的市场价值有正向影响。

## 3.2　实 证 研 究

### 3.2.1　样本选择与数据来源

#### 1. CVC 支持企业样本选择

考虑到数据的可获取性，本书研究样本来源于 2008～2011 年在沪、深 A股市场、创业板市场中 IPO 的 806 家公司，根据上市公司参与 CVC 活动的三种形式：参股创投机构、控股创投机构和独立成立创投机构，本书从上市公司年报入手，根据三个方面选择样本，仔细查看上市公司的十大股东，将符合以下三个条件的上市公司挑选出来：（1）十大股东中有其他上市公司的；（2）十大股东中有创投机构，但创投机构是由大公司控股的子公司；（3）十大股东中有创投机构，这些创投机构有大公司参股。发现共有 5 家上市公司在 IPO 时有 CVC 投入。然后对样本进行了筛选：（1）将样本中投资公司或者被投公司属于金融类企业的，或者主营业务为创业投资的，都予以剔除；（2）剔除研究期间内已退市的被投公司和数据不全的被投公司；（3）筛选出在上市后三年内都获得 CVC 投入的上市公司作为研究对象。最终，共有 110 家上市公司符合条件，三年共计 330 个样本观测值。

## 2. IVC 支持企业样本选择

在 2008～2011 年沪、深 A 股市场、创业板市场中 IPO 的 806 家公司中，排除掉挑选出的 CVC 样本后，继续查看十大股东，如果十大股东中有专业的创业投资机构、风险投资机构，则把这些公司纳入 IVC 样本范围。最终，共有 103 家上市公司符合条件，三年共计 309 个样本观测值。

上市公司参与 CVC 活动的基本情况，通过巨潮资讯网上公布的上市公司年报进行查阅；被投企业的研发投入指数、规模、时间等数据均来源于 CCER 经济金融研究数据库；被投企业的每年申请的专利数来自佰腾网（Baiten. cn）；缺失的数据和其他资料都通过上市公司的年报进行补充。

### 3.2.2　变量定义

目前关于技术创新绩效的衡量指标还没有统一标准，各学者所运用的绩效指标各不相同。杜什尼茨基和莱诺克斯（Dushnitsky and Lenox，2005）利用创新绩效指标（专利引文的加权数）和 R&D 投入来衡量参与 CVC 的大公司的战略绩效，利用企业的价值和成长价值（托宾 Q 值）测量其综合绩效，研究表明上述两指标与相应绩效都呈正相关关系。金姆等（Kim et al.，2013）用公司规模、专利、研发投资、净现金流、销售额增加比率和每月的股票收益额的标准差等指标来衡量企业的竞争力。凯马努尔等人（2011）通过专利数来衡量创新性，分析了公司创业投资家如何区别于独立的创业投资家作用于培养创业企业的创新性。此外，有学者提出，技术创新投入的度量标准通常包括研发投资和技术开发人员投资，衡量技术创新产出的指标通常为专利数量或新产品的销售收入，但是技术研发人员投入在不同的行业中相差较大，不具有很好的代表性，而新产品的销售收入数据无法获得，因此可选用 R&D 支出和专利数作为衡量企业技术创新绩效的两个指标。

在已有研究基础上，考虑到数据的代表性和可获得性，本书从投入和产出两个方面测度被投资企业的技术创新绩效，用托宾 Q 值（TQ）测度被投资企业的市场价值。其中，技术创新投入指标为 R&D 投入指数（R&D）即被投资企业当年研发投入与营业收入之比，技术创新产出指标为被投资企业年度发明专利申请量（Inpatent）。

### 1. 解释变量

公司创业投资（CVC）：虚拟变量。若被投资企业的前十大股东中含有公司创业投资，则 CVC 取 1，否则 CVC 取 0。

互补性资产。威廉姆森（1976）提出新建企业通过股权融资可以获得专用的互补性资产（specialized complementary assets）。如果存在机会主义行为，可以通过股权行使控制权作为一种保障，让成熟企业提供专业化互补性资产（Grossman and Hart，1988；Hart and Moore，1990），这种控制权在创业投资中表现为在被投资企业的董事会权（Masulis and Nahata，2009）。龚帕斯和勒纳（1998）、毛拉（Maula，2009）以及杜什尼茨基和莱诺克斯（2005）认为，公司创业投资者可以为被投资企业提供的互补性资产包括科学家、营销与管理专家以及生产基地等。根据对已有文献的分析可以发现，CVC 母公司通常通过股权投资、参与董事会决策与治理、派驻技术与管理人员等渠道与形式，为被投资企业提供互补性资产。因此，本书用持股比例、董事会席位、派驻技术与管理人员三个指标，近似替代 CVC 与 IVC 为被投资企业提供的互补性资产水平。具体定义为：（1）持股比例（ownership），CVC 母公司、IVC 投资者各自持有的被投资企业股权比例；（2）董事会席位（director），CVC 母公司、IVC 投资者各自在被投资企业董事会中的董事席位比例；（3）派驻管理与技术人员（manager），若 CVC 母公司、IVC 投资者分别向被投资企业派驻了管理人员、技术人员，则变量 manager 取值为 1，否则取值为 0。

技术契合度（technological fit）：本书在托马斯等人（Thomas et al.，2014）的研究基础上进行了改进，应用行业接近性测度 CVC 母公司与被投资企业间的技术契合度。以《中国上市公司行业分类指引（2012）》中上市公司行业代码间的一致性程度为基础，计算 CVC 母公司与被投资企业间的行业接近性。

地理位置接近性（locationship）。布鲁姆等（Bloom et al.，2013）与加里多和杜什尼茨基（2016）分别研究了投资机构与创业企业间的地理距离对企业创新的影响。本书在此基础上构建虚拟变量测度 CVC 和 IVC 与被投资企业间的地理位置接近性。CVC 支持企业样本中，如果被投资上市公司投资为直接投资，CVC 母公司与被投企业在同一省份时，变量 Locationship 等于 1，否则等于 0。如果上市公司投资为间接投资，被投资的创投机构所在省份与被投企业所在省份相同时，Locationship 为 1，否则为零。IVC 支持企业样本中，如果投资机构所在省份与被投企业所在省份相同时，Locationship 为 1，否则为零。

2. 控制变量

加巴和巴塔查里亚（2012）控制了资产回报率、公司的资产负债率、公司年限、公司的规模和与 VC 集群的距离等变量，发现当公司创新绩效与其他公司最接近时，最有可能接受和维持 CVC 活动。凯马努尔等人（2011）根据创新文献，选取公司规模、盈利能力、资产负债率、资本投资、产品市场竞争、增长机会和公司成立时间等作为控制变量。通过实证研究发现，当公司规模较大时，有形资产较少，托宾 Q 值更高；当财务杠杆更小时，将会促进创新产出；而盈利性、市场竞争等将不会显著影响公司创新产出。根据熊彼特假说，企业规模越大，在研发实力和抵抗风险能力方面越有优势，大规模企业是现代重要技术的创造发明者，并且企业规模越大越有利于技术创新。影响被投企业技术创新绩效的因素很多，为了消除其他因素对被投企业技术创新绩效的影响，更好地凸显解释变量对被投企业技术创新绩效的影响，本书选取了学者常用的三个指标作为控制变量，即资产负债率、企业成立时间、企业规模。

资产负债率（*Debt*）：被投资企业负债总额与资产总额的比值，反映企业的财务杠杆。

企业成立时间（*Age*）：从企业最初成立到样本数据选取时的年限。

企业规模（*Size*）：用被投企业的总资产的自然对数来表示。

资产收益率（*ROA*）：被投资企业净利润与总资产总额的比值，反映企业的盈利能力。

### 3.2.3 模型设定与方法选取

为检验研究假设 H3 – 1 与研究假设 H3 – 2，研究构建以下面板数据混合回归模型（3 – 1）、模型（3 – 2）、模型（3 – 3）以及模型（3 – 4）。

$$Innovation_{it} = a_0 + a_1 Debt_{it} + a_2 Age_{it} + a_3 Size_{it} + a_4 Roa_{it} + a_5 CVC_{it} + \varepsilon_{it} \quad (3-1)$$

$$FirmValue_{it} = b_0 + b_1 Debt_{it} + b_2 Age_{it} + b_3 Size_{it} + b_4 Roa_{it} + b_5 CVC_{it} + \varepsilon_{it} \quad (3-2)$$

$$Innovation_{it} = a_0 + a_1 Debt_{it} + a_2 Age_{it} + a_3 Size_{it} + a_4 Roa_{it} + a_5 Ownership_{it}$$
$$+ a_6 Director_{it} + a_7 Manager_{it} + a_8 CVC_{it} \times Ownership_{it} + a_9 CVC_{it}$$
$$\times Director_{it} \mid a CVC_{it} \times Manager_{it} + \varepsilon_{it} \quad (3-3)$$

$$FirmValue_{it} = b_0 + b_1 Debt_{it} + b_2 Age_{it} + b_3 Size_{it} + b_4 Roa_{it} + b_5 Ownership_{it} + b_6 Director_{it}$$
$$+ b_7 Manager_{it} + b_8 CVC_{it} \times Ownership_{it} + b_9 CVC_{it} \times Director_{it}$$
$$+ b CVC_{it} \times Manager_{it} + \varepsilon_{it} \quad (3-4)$$

为检验研究假设 H3 – 3 与研究假设 H3 – 4，本书构建以下面板数据混合回归模型（3 – 5）与模型（3 – 6）。

$$Innovation_{it} = a_0 + a_1 Debt_{it} + a_2 Age_{it} + a_3 Size_{it} + a_4 Roa_{it} + a_5 Locationship_{it}$$

$$+ a_6 CVC_{it} \times TechnologicalFit_{it} + a_7 CVC_{it} \times Locationship_{it} + \varepsilon_{it}$$

$$(3-5)$$

$$FirmValue_{it} = b_0 + b_1 Debt_{it} + b_2 Age_{it} + b_3 Size_{it} + b_4 Roa_{it} + b_5 Locationship_{it}$$
$$+ b_6 CVC_{it} \times TechnologicalFit_{it} + b_7 CVC_{it} \times Locationship_{it} + \varepsilon_{it}$$

$$(3-6)$$

上述回归模型中，$Innovation$ 分别表示为被投资企业研发投入（$R\&D$）、发明专利申请数（$Inpatent$）。$FirmValue$ 表示为被投资企业市场价值（托宾 Q 值）。

## 3.3　实证结果与分析

### 3.3.1　样本描述性统计分析与差异性检验

表 3-1、表 3-2 的描述性统计分析结果显示，IVC 拥有的被投资企业中股权比例均值略高于 CVC，而 CVC 在被投资企业中的董事会席位与派驻技术、管理人员的均值高于 IVC，CVC 向被投资企业派驻技术与管理人员的均值大约是 IVC 向被投资企业派驻技术与管理人员均值的 2.44 倍。

表 3-1　　　　　　　　　CVC 投资企业样本描述性统计分析

| 变量 | 平均值 | 中值 | 最大值 | 最小值 | 标准差 | 样本数 |
|---|---|---|---|---|---|---|
| $R\&D$ | 6.9873 | 4.2000 | 9.8390 | 0.0300 | 9.7980 | 330 |
| $Inpatent$ | 7.9576 | 4.0000 | 267.0000 | 0.0000 | 18.9816 | 330 |
| $TQ$ | 1.5785 | 1.4143 | 8.0000 | 0.9696 | 0.7446 | 330 |
| $Debt$ | 0.2364 | 0.1893 | 0.8421 | 0.0111 | 0.1636 | 330 |
| $Age$ | 9.6727 | 10.0000 | 21.0000 | 1.0000 | 4.3336 | 330 |
| $Size$ | 11.8619 | 11.7193 | 14.2325 | 10.7173 | 0.6892 | 330 |
| $Roa$ | 0.0671 | 0.0660 | 0.2405 | $-0.2267$ | 0.0451 | 330 |
| $Ownership$ | 0.0760 | 0.0525 | 0.3496 | 0.0005 | 0.0721 | 330 |
| $Director$ | 0.0763 | 0.0909 | 0.6667 | 0.0000 | 0.0832 | 330 |
| $Manager$ | 0.0394 | 0.0000 | 1.0000 | 0.0000 | 0.1948 | 330 |
| $Locationship$ | 0.4727 | 0.0000 | 1.0000 | 0.0000 | 0.5000 | 330 |
| $TechnologicalFit$ | 0.4484 | 0.3300 | 1.0000 | 0.0000 | 0.3992 | 330 |

表 3 - 2             IVC 投资企业样本描述性统计分析

| 变量 | 平均值 | 中值 | 最大值 | 最小值 | 标准差 | 样本数 |
|------|-------|------|-------|-------|-------|-------|
| R&D | 5. 1612 | 4. 0600 | 55. 1300 | 0. 0000 | 4. 5245 | 309 |
| Inpatent | 7. 4110 | 3. 0000 | 194. 0000 | 0. 0000 | 17. 7553 | 309 |
| TQ | 1. 5242 | 1. 3713 | 6. 5430 | 0. 7917 | 0. 5634 | 309 |
| Debt | 0. 2398 | 0. 2330 | 0. 7292 | 0. 0242 | 0. 1407 | 309 |
| Age | 8. 8738 | 9. 0000 | 21. 0000 | 1. 0000 | 4. 7290 | 309 |
| Size | 11. 8508 | 11. 8450 | 13. 4280 | 10. 3291 | 0. 6130 | 309 |
| Roa | 6. 2839 | 6. 0605 | 31. 7685 | - 32. 1560 | 5. 3064 | 309 |
| Ownership | 0. 0883 | 0. 0680 | 0. 4971 | 0. 0026 | 0. 0727 | 309 |
| Director | 0. 0655 | 0. 0000 | 0. 2857 | 0. 0000 | 0. 0769 | 309 |
| Manager | 0. 01618 | 0. 0000 | 1. 0000 | 0. 0000 | 0. 1264 | 309 |
| Locationship | 0. 5469 | 1. 0000 | 1. 0000 | 0. 0000 | 0. 4986 | 309 |

为了实现本书的研究目标，首先需要了解 CVC 和 IVC 所投资企业的研发投入、专利申请、市场价值等的分布情况（见表 3 - 3）。由表 3 - 3 可知，被 CVC 投资的上市公司研发投入比例均值（6.9873）显著高于被 IVC 投资的上市公司（5.1612）；CVC 投资企业的发明专利和托宾 Q 值略高于 IVC 投资的企业。从 t 检验和 Wilcoxon 秩和检验的结果来看也初步说明被 CVC 投资的上市公司研发投入比例要更高于被 IVC 投资的上市公司，t 检验的显著性水平为 1%，Wilcoxon 秩和检验的显著性水平为 10%。

表 3 - 3             分组差异检验

| 分组差异性检验 | 公司研发投入比例差异检验 | | 发明专利差异检验 | | 公司托宾 Q 值差异检验 | |
|------|------|------|------|------|------|------|
| | 均值 | 样本数 | 均值 | 样本数 | 均值 | 样本数 |
| CVC = 0 | 5. 1612 | 309 | 7. 4110 | 309 | 1. 5239 | 309 |
| CVC = 1 | 6. 9873 | 330 | 7. 9576 | 330 | 1. 5785 | 330 |
| 均值 t 检验 | - 2. 9991 *** | | - 0. 3754 | | - 1. 0405 | |
| Wilcoxon 秩和检验 | - 1. 782 * | | - 2. 049 * | | 1. 765 * | |

注：均值 t 检验对应 t 值，Wilcoxon 秩和检验对应 Z 值，*** 和 * 分别表示 1% 和 10% 的显著性水平。

分组差异性检验结果初步说明，CVC 支持企业的研发投入、创新产出以及市场价值均值均高于 IVC 支持企业，且研发投入的差异性最为显著，证明研究假设 H3－1 与研究假设 H3－2 部分成立。为更好地考察 CVC 对被投资公司的创新与公司价值的影响的显著性，进行下一步回归。

### 3.3.2 回归分析实证检验

#### 1. CVC 对被投资企业技术创新与市场价值的影响

表 3－4 是模型一与模型二的回归结果，分别报告了 CVC 对于被投资上市公司的创新投入（R&D）、创新产出（Inpatent）、市场价值（TQ）影响。

从表 3－4 中的回归结果可以发现，CVC 对被投资企业研发投入具有显著的正向影响（回归系数 0.1231，显著性水平 1%），CVC 对被投资企业的发明专利与市场价值均具有正向影响，但不显著。实证结果表明，公司创业投资（CVC）能够显著地促进被投资企业的创新投入，对被投资企业的市场价值也具有一定的正向影响，CVC 也能够在一定程度上正向影响被投资企业的发明专利申请数。

表 3－4　　　　CVC 对被投资企业技术创新与价值创造的影响

| 变量 | 创新投入 | 创新产出 | 市场价值 |
|---|---|---|---|
| Debt | $-0.3571^{***}$<br>$(-8.22)$ | $-0.1195^{***}$<br>$(-2.63)$ | $0.052$<br>$(1.23)$ |
| Age | $-0.0197$<br>$(-0.52)$ | $0.0002$<br>$(0.01)$ | $-0.0246$<br>$(-0.67)$ |
| Size | $0.0238$<br>$(0.58)$ | $0.204^{***}$<br>$(4.76)$ | $-0.2955^{***}$<br>$(-7.41)$ |
| Roa | $-0.1772^{***}$<br>$(-4.48)$ | $-0.0971^{**}$<br>$(-2.35)$ | $0.2946^{***}$<br>$(7.65)$ |
| CVC | $0.1231^{***}$<br>$(3.29)$ | $0.016$<br>$(0.41)$ | $0.0336$<br>$(0.92)$ |
| Year | YES | YES | YES |
| Adjust-$R^2$ | 0.1177 | 0.0333 | 0.1624 |
| F-statistics | 18.02 | 5.39 | 25.73 |

续表

| 变量 | 创新投入 | 创新产出 | 市场价值 |
| --- | --- | --- | --- |
| Method | OLS | OLS | OLS |
| N | 639 | 639 | 639 |

注：** 和 *** 分别代表在 5% 和 1% 的水平上显著，括号内为 t 值。

### 2. 互补性资产的作用机制检验

为进一步揭示 CVC 与 IVC 对被投资企业技术创新、价值创造的差异化影响，及其提供的互补性资产的作用机制，以下引入互补性资产提供渠道进行实证检验。表 3 - 5 是模型三与模型四的回归结果，反映了互补性资产对被投资企业技术创新与价值创造的影响。

从表 3 - 5 中的回归结果可以发现，IVC 的持股比例对被投资企业研发投入具有正向影响，而 IVC 的董事会席位与派驻技术、管理人员却对被投资企业的研发投入具有抑制作用，同时这三个变量在 IVC 支持企业的回归模型中的影响均不显著。与之相反，CVC 的持股比例显著负向影响被投资企业的研发投入（回归系数 -0.1088，显著性水平 10%），CVC 拥有的董事会席位以及派驻的技术与管理人员显著地促进了被投资企业的研发投入（回归系数分别为 0.1747 与 0.2913，显著性水平均为 1%）。无论是回归系数还是显著性水平，CVC 提供的互补性资产对被投资企业的影响均大于 IVC，这种显著性影响来源于 CVC 母公司通过拥有被投资企业的董事会席位和派驻技术与管理人员而发挥的正向作用机制。虽然 CVC 的持股比例对被投资企业的研发投入产生负向影响，但这种负效应被董事会席位与派驻技术、管理人员的显著正效应所抵消（CVC 样本企业回归模型中 *Director* 与 *Manager* 的回归系数与显著性水平均远大于 *Ownership*）。这一作用机制也揭示了 CVC 支持企业的研发投入显著高于 IVC 支持企业研发投入的原因。

**表 3 - 5　　互补性资产对被投资企业技术创新与价值创造的影响**

| 变量 | 创新投入 | 创新产出 | 市场价值 |
| --- | --- | --- | --- |
| *Debt* | -0.3110 *** <br> (-7.44) | -0.1074 ** <br> (-2.37) | 0.0520 <br> (1.21) |
| *Age* | -0.0073 <br> (-0.20) | -0.0073 <br> (-0.20) | -0.0245 <br> (-0.66) |

续表

| 变量 | 创新投入 | 创新产出 | 市场价值 |
|---|---|---|---|
| *Size* | 0. 0026<br>(0. 07) | 0. 2151 ***<br>(5. 05) | − 0. 2850 ***<br>( − 7. 09) |
| *Roa* | − 0. 1963 ***<br>( − 5. 15) | − 0. 1078 ***<br>( − 2. 61) | 0. 3014 ***<br>(7. 72) |
| *Ownership* | 0. 0275<br>(0. 56) | 0. 0231<br>(0. 44) | − 0. 0472<br>( − 0. 95) |
| *Directors* | − 0. 0143<br>( − 0. 26) | 0. 1085 *<br>(1. 79) | 0. 0799<br>(1. 39) |
| *Manager* | − 0. 0134<br>( − 0. 20) | − 0. 0537<br>( − 0. 72) | − 0. 0128<br>( − 0. 18) |
| *CVC × Ownership* | − 0. 1088 *<br>( − 1. 84) | − 0. 1045<br>( − 1. 63) | 0. 0172<br>(0. 28) |
| *CVC × Director* | 0. 1747 ***<br>(2. 65) | 0. 1229 *<br>(1. 72) | − 0. 0239<br>( − 0. 35) |
| *CVC × Manager* | 0. 2913 ***<br>(4. 11) | − 0. 0138<br>( − 0. 18) | − 0. 0489<br>( − 0. 67) |
| Year | YES | YES | YES |
| Adjust-$R^2$ | 0. 2006 | 0. 0583 | 0. 1614 |
| F-statistics | 17. 01 | 4. 95 | 13. 28 |
| Method | OLS | OLS | OLS |
| N | 639 | 639 | 639 |

注：*、**、***分别代表在10%、5%、1%的水平上显著,括号内为 t 值。

　　IVC 与 CVC 在被投资企业中的董事会席位对其投资的企业的发明专利申请均具有显著的正向影响（显著性水平均为 10%）,但 CVC 样本企业中 *Director* 回归系数（0. 1229）稍大于 IVC 样本企业中 *Director* 回归系数（0. 1085）。在其他互补性资产的提供渠道中,IVC 拥有的股权比例对被投资企业的发明专利具有正向影响,其派驻的技术与管理人员会抑制被投资企业的发明专利产出,但 IVC 样本回归模型中 *Ownership* 与 *Manager* 两个变量的回归系数均不显著。而 CVC 支持企业的回归结果显示,CVC 母公司的持股比例与派驻企业的技术、管理人员均会抑制被投资企业发明专利的产出（与 IVC 一样,CVC 样本回归模型中这两个变量的影响均不显著）。这说明,IVC 与 CVC 两类投资者提供的互补性资产仅通过董事会席位这一渠道对被投资企业的发明专利产生显著正向作用。两类样本企业回归模型中董事会席位（*Director*）的显著性水平相同，但 CVC 样本的回归系数略大于 IVC 样本的回归系数。这一作用机制也验证了样本分组检验中，CVC 样本企业发明专利均值略高于 IVC，但差异性并不十分显著的结论。

IVC 持股比例、派驻技术与管理人员对被投资企业市场价值具有负向影响，IVC 的董事会席位对被投资企业市场价值具有正负向影响。CVC 母公司持股比例对被投资企业市场价值具有正向影响，母公司的董事会席位与派驻技术与管理人员对被投资企业市场价值具有负向影响。研究结果表明，CVC 与 IVC 提供的互补性资产对各自的被投资企业市场价值的影响均不显著，中国市场环境中 CVC 与 IVC 对被投资企业价值创造的作用较弱。本书的研究结论与威廉姆森（1976）的研究结论基本一致，即新创企业通过股权融资可以获得一定的互补性资产，而这种互补性资产对新创企业具有一定的益处。

根据表 3-5 中互补性资产提供渠道的回归结果，并结合 CVC 与 IVC 支持企业的描述性统计分析结果来看，CVC 通过董事会席位、派驻技术与管理人员为被投资企业提供的互补性资产高于 IVC，同时 CVC 样本中董事会席位、派驻技术与管理人员这两类互补性资产提供渠道对被投资企业技术创新与市场价值的影响也优于 IVC。但 CVC 中母公司持股却对被投资企业研发投入、发明专利产出产生负向影响，与预期不完全相符。已有文献研究表明，股权对被投资企业技术创新与市场价值的影响在某些情况下可能是非线性的（Stultz，1988；Morck，1988；Shleifer and Vishny，1986）。本书据此对 CVC 母公司持股比例的平方项与被投资企业研发投入（*R&D*）关系进行了简单的回归分析，模型参数估计结果显示 CVC 母公司持股比例与被投资企业研发投入间呈非线性的倒 U 型关系，并得到 ownership 的极值点为 0.3317。但本书表 3-1 样本统计结果显示，CVC 投资的样本企业中，不仅 CVC 母公司持股比例的均值、最大值小于 IVC，且 CVC 母公司持股比例的均值远小于以 R&D 为被解释变量的回归模型中的股权比例极值点。这表明，中国 CVC 母公司对被投资企业的持股比例太低，因而无法为被投资企业提供充分、有效的互补性资产。本书认为以上两点导致 CVC 母公司持股比例的影响与预期不完全相符，甚至其作用小于 IVC 持股比例对其投资企业的影响。

### 3.3.3　技术契合、地理位置接近性的调节效应检验

为进一步分析技术契合与地理位置接近性对被投资企业技术创新与价值创

造的影响，以下继续对模型五与模型六进行实证分析。表 3 - 6 是模型五与模型六的回归结果，分别报告了 CVC 母公司与被投资企业间技术契合度、地理位置接近性的调节作用。

表 3 - 6　　　　　　　技术契合度、地理位置接近性的调节作用

| 变量 | 创新投入 | 创新产出 | 市场价值 |
|---|---|---|---|
| *Debt* | - 0. 3841 *** <br> ( - 8. 92) | - 0. 1300 *** <br> ( - 2. 82) | 0. 0435 <br> (1. 02) |
| *Age* | - 0. 0221 <br> ( - 0. 60) | - 0. 0028 <br> ( - 0. 07) | - 0. 030 <br> ( - 0. 82) |
| *Size* | 0. 0289 <br> (0. 72) | 0. 2054 ** <br> (4. 79) | - 0. 2981 *** <br> ( - 7. 47) |
| *Roa* | - 0. 1824 *** <br> ( - 4. 72) | - 0. 1003 ** <br> ( - 2. 43) | 0. 2924 *** <br> (7. 61) |
| *Locationship* | 0. 0078 <br> (0. 17) | 0. 0072 <br> (0. 15) | - 0. 0307 <br> ( - 0. 67) |
| *CVC × TechnologicalFit* | 0. 0126 <br> (0. 30) | 0. 0029 <br> (0. 06) | - 0. 0411 <br> ( - 1. 00) |
| *CVC × Locationship* | 0. 2311 *** <br> (4. 61) | 0. 0796 <br> (1. 49) | 0. 1166 ** <br> (2. 34) |
| Year | YES | YES | YES |
| Adjust-$R^2$ | 0. 1575 | 0. 0371 | 0. 1670 |
| F-statistics | 18. 04 | 4. 51 | 19. 27 |
| Method | OLS | OLS | OLS |
| N | 639 | 639 | 639 |

注：(1) * 、** 、*** 分别代表在 10% 、5% 、1% 的水平上显著，括号内为 t 值；
(2) 由于 IVC 与被投资企业间不存在技术契合度，因此在回归模型中将 IVC 支持样本企业的 *TechnologicalFit* 变量取值为零。

从表 3 - 6 中的回归结果可以发现，IVC 投资机构与被投资企业间的地理位置接近性，对企业市场价值影响为负，对研发投入、发明专利申请数的影响均为正，但作用效果均不显著。CVC 投资企业中，CVC 母公司与被投资企业间的地理位置接近性，对公司的研发与市场价值均具有明显的正向影响（*CVC* 与 *Locationship* 的交叉项在两个模型中的回归系数分别为 0. 2311 与 0. 1166，显

著性水平分别为 1% 与 5%），对被投资企业发明专利申请数的影响为正但不显著。CVC 母公司与被投资企业地理位置接近性对企业研发投入与市场价值的影响系数、显著性水平均远高于 IVC，同时也大于表 3 - 4 中虚拟变量 CVC 对 R&D、TQ 的单独影响。这表明，CVC 母公司与被投资企业地理位置接近性对企业技术创新与市场价值具有显著的促进作用，同时对 CVC 与被投资企业间技术创新、市场价值关系具有正向调节作用。从回归结果看，CVC 与技术契合度（*TechnologicalFit*）的交叉项对被投资企业研发投入与发明专利申请数具有正向影响，对被投资企业市场价值具有负向影响，但均未通过显著性检验。

### 3.3.4　稳健性检验：倾向评分匹配方法的结果分析

许多学者都认为，在对创业投资的经济影响进行分析时，应该注意以下两个问题。第一，关于创业投资的反事实样本资料的缺乏。对于某个时间点的企业来说，要么存在创业投资介入，要么不存在创业投资介入，若以具有创业投资背景的公司为样本，现有资料只能反映其进入公司后的状况，但是，在创业投资进入公司之前，公司的状况并不清楚，这样的非现实的样本缺乏，使得研究创业投资进入对企业业绩影响无从做起。第二，创业投资进入与公司经营绩效存在内在矛盾。即企业的资本投入将促进企业的绩效，同时，企业的盈利能力越强，越容易获得创业资本的入股。为了弥补上述数据的不足，在创业投资进入公司时，相关研究采用平均处理效应或倍差法对其影响进行了分析。但有些研究表明，创业投资进入企业的决策行为是非随机的，企业的管理能力以及其他战略考虑在这方面发挥了很大的作用（Tyebjee and Bruno，1984）。为减少这两个问题在实证研究中所产生的偏差，需要对创业投资背景的企业进行合适的匹配，最大限度地将创业投资介入企业由非随机化向随机化逼近。有研究认为应用拟自然实验的倾向评分匹配方法（propensity score matching，PSM）对创业投资持股企业进行样本匹配，可以解决以上问题。该方法通过虚拟变量来回归公司本身的一些经济和治理特性，这些变量表明了被处理的研究对象是否接受处理（如是否存在创业干预），通过这种方法得到样本函数的得分分布，并根据特定匹配规律，将接受处理的研究对象（处理组）与未接受处理的研究对象（控制组）进行匹配，以控制内生性并运行相应回归（Rosenbaum and Robin，1983）。从研究文献可以看出，针对公司创业投资（CVC）和传统创业投资（IVC）的技术创新影响研究在技术方法上还有待进一步改善。例如，多数研究并没有采用样本分组匹配的方法，在考察 CVC 和传统创投（IVC）的技术创新影响时往往存在着样本选择偏误和遗漏变量等问题，这种较为严重的内生性直接导致回归结果的可信性降低。因此，在已有研究基础上，本书将采用倾向评分匹配方法（PSM），以存在 CVC 投资的企业作为处理组，将传统创投投资的企业作为控制组，利用中国上市公司数据，在 PSM 方法控制样本选择偏误等内生性问题的基础上，结合倍差法（Difference-in-Difference）实证研究 CVC 和 IVC 对被投资企业技术创新与市场价值的影响。

考虑到被投资的上市公司可能本身注重研发投入与创新，而 CVC 或 IVC 可能会对所投资的公司进行选择，而且这些被投资的上市公司也可能产生自我选择的行为；接下来为了更好地解决被 CVC 或 IVC 投资的上市公司在创新方面可能存在的选择偏差和处理效应，本书借鉴凯马努尔等人（2011）的研究采用倾向评分匹配方法（propensity score matching）进行分析，利用最近邻匹配方法（Rosenbaum and Rubin，1983）结合自抽样法（Bootstrap）以克服小样本偏误对结论的影响，从而得到相关统计量平均处理效应（ATT）的自助标准误。

倾向性评分匹配法的基本思路是：在评价一个行动或政策的影响时，根据偏好分数，找出最接近处理组的控制（控制）群进行配对分析，以有效地减少样本选择偏差，并有效地消除可观测因子如控制变量对研究变量的影响。通过选取各公司特性作为匹配变量，PSM 可以有效地避免由投资公司对创新业绩和市值进行一般性的回归分析造成的估算偏差，从而有效地解决了决策问题。主要变量的样本特性和平衡测试的结果见表 3 - 7。

表 3 - 7　　　　　　　　　　匹配前后的样本特征对比

| 变量 | 样本 | 平均值 | | 标准偏差（%） |
| --- | --- | --- | --- | --- |
| | | 处理组 | 控制组 | |
| 持股比例（Ownership） | 匹配前 | 0.0844 | 0.0883 | - 5.3 |
| | 匹配后 | 0.0795 | 0.0786 | 1.2 |
| 董事会席位（Directors） | 匹配前 | 0.0763 | 0.0655 | 13.4 |
| | 匹配后 | 0.0709 | 0.0761 | - 6.5 |
| 指定管理层（Manager） | 匹配前 | 0.0394 | 0.0162 | 14.1 |
| | 匹配后 | 0.0188 | 0.0094 | 5.7 |

续表

| 变量 | 样本 | 平均值 | | 标准偏差（%） |
|------|------|------|------|------|
| | | 处理组 | 控制组 | |
| 地理位置接近性（Locationship） | 匹配前 | 0.4364 | 0.5469 | − 22.2 |
| | 匹配后 | 0.4389 | 0.4169 | 4.4 |
| 资产负债率（Debt） | 匹配前 | 0.2364 | 0.2398 | − 2.2 |
| | 匹配后 | 0.2377 | 0.2619 | − 15.8 |
| 企业年龄（Age） | 匹配前 | 9.6727 | 8.8738 | 17.6 |
| | 匹配后 | 9.7053 | 9.5893 | 2.6 |
| 企业规模（Size） | 匹配前 | 11.862 | 11.851 | 1.7 |
| | 匹配后 | 11.855 | 11.868 | − 2.0 |
| 资产收益率（Roa） | 匹配前 | 0.0671 | 0.0628 | 0.7 |
| | 匹配后 | 0.0664 | 0.0551 | 22 |

注：（1）"匹配前"指未实施倾向得分配对前的样本，"匹配后"指进行最近邻匹配后的样本；
（2）"处理组"和"控制组"分别表示 CVC 投资和 IVC 投资的上市公司；
（3）标准误采用 Bootstrap 反复抽样得到。

从表 3 - 7 可以发现，各个匹配变量在匹配之后的标准偏差值都较小，匹配后变量的标准偏差值的绝对值基本上显著小于匹配前，这说明匹配方法合适且效果较好，匹配的估计结果比较可靠。

表 3 - 8 进一步报告了根据最近邻匹配法得到的平均处理效应（ATT），从中可以发现，无论在匹配前还是匹配后，被投资上市公司的研发投入指标（R&D）均在 1% 水平上显著异于零，表明 CVC 投资对上市公司的研发投入具有显著的提升效应。匹配后，CVC 投资的处理组上市公司研发支出比例均值为 0.0708，ATT 平均处理效应等于 0.0252，在 1% 水平上通过显著性检验，这说明 CVC 投资的上市公司研发投入要比 IVC 投资的上市公司研发投入平均高出约 55.3%，意味着 CVC 对所投资的上市公司的研发创新投入具有显著的促进效应。进一步地，我们对发明专利指标进行了分析，发现发明专利（Inpatent）在匹配前后的差异均不显著，这说明目前中国的 CVC 投资并未能起到提升所投资上市公司的发明专利创新的激励效应。同时，匹配结果表明，CVC 和 IVC 的投入均未对中国上市企业的市场价值产生显著的积极作用。

表 3 – 8　　　　　　　　　　总体样本的平均处理效应（ATT）

| 变量名 | 前后 | 处理组 | 控制组 | ATT | 标准误 | t 值 |
|---|---|---|---|---|---|---|
| *Inpatent* | 匹配前 | 7.9576 | 7.4110 | 0.5466 | 1.4565 | 0.38 |
| | 匹配后 | 8.0188 | 7.8934 | 0.1254 | 2.1132 | 0.05 |
| *TQ* | 匹配前 | 1.5785 | 1.5238 | 0.0546 | 0.0525 | 1.04 |
| | 匹配后 | 1.5844 | 1.4768 | 0.1077 | 0.0778 | 1.38 |
| *R&D* | 匹配前 | 0.0699 | 0.0516 | 0.0183 | 0.0061 | 2.99 |
| | 匹配后 | 0.0708 | 0.0455 | 0.0252 | 0.0074 | 3.24 |

综合上一部分的回归分析结果可以发现，与 IVC 支持的企业相比，CVC 显著促进了被投资企业研发投入的提升，但对创新产出以及企业市场价值的影响不显著。从互补性资产提供的渠道看，CVC 母公司的持股比例对被投资企业的研发投入与创新产出的影响均为负，对被投资企业市场价值的影响为正；而 IVC 持股比例对被投资企业研发投入与创新产出的影响均为正，对被投资企业市场价值的影响为负。IVC 投资企业的创新产出与市场价值与 IVC 在企业中的董事会席位正相关，CVC 投资企业中，CVC 母公司的董事会席位对被投资企业研发投入与发明专利均有显著的正向影响。派驻技术人员、管理人员这一变量对 IVC 投资企业的研发投入、创新产出、市场价值的影响均为负，且完全不显著，但对 CVC 投资企业的研发投入具有显著的正向影响，对发明专利和市场价值却具有显著的负向作用。地理位置接近性对 CVC 投资企业的研发投入与市场价值具有显著的正向调节效应，但对 IVC 投资企业创新绩效与市场价值的调节效应不显著。另一调节变量技术契合的调节效应完全不显著。实证结果显示，研究假设 H3 – 4、研究假设 H3 – 5、研究假设 H3 – 6 成立，研究假设 H3 – 1 和研究假设 H3 – 2 部分成立，研究假设 H3 – 3 不成立。针对没有被完全证实的研究假设，以下继续分析技术契合度对被投资企业技术创新与市场价值的影响。

已有研究文献表明公司创业投资家的战略目标可能在经济上使初创企业受损或受益，这主要取决于初创企业和公司创业投资母公司之间的产品市场关系。从经验上来看，初创企业从具有互补性和竞争性的 CVC 创业投资者中获得资金，不同的互补或竞争关系影响创新的产出（Masulis and Nahata，2009）。金泰、戈帕尔和霍伯格（Keongtae，Gopal and Hoberg，2013）通过研究美国一段时间内所有进行 CVC 活动的 IT 公司的产品市场竞争情况发现，竞争可以增加创新，在竞争性市场的企业倾向于进行更多的 CVC 投资。CVC 是技术领导者的一种外部创新的手段，信息科技（IT）企业通常使用公司创业投资

（CVC）作为企业创新战略的一部分来研究产品市场竞争效应，CVC 投资可以增加事后创新。CVC 投资者会为新的投资项目提供一些互补性的资产以提高新被投资企业的技术商业化水平。然而，和特定的投资者的紧密联系也有缺点，并且可能限制被投资企业在开放市场中从多种途径获得互补资产。研究发现 CVC 投资对于一些需要专门化的互补性资产或在不确定的环境中运营的一些新创企业更为有利（Park and Steensma，2012）。CVC 投资周围环境的不确定性会影响 CVC 投资组合联盟的形成（Wadhwa and Phelps，2016）。因此，本书以下将引入 CVC 母公司与被投资企业间的产品市场关系，进一步分析技术契合度、地理位置接近性对被投资企业技术创新与市场价值的影响，探讨 CVC 对被投资企业的技术创新与价值增值机理。

马苏利斯和纳塔（2009）按照 CorpTech 目录对合作双方间的产品市场关系进行分类。如果三个产品分类层次都匹配，就是竞争关系；若仅第一层次或者第二层次匹配，就是互补关系；若都不匹配，就用 SIC 来分，四位数都相同是竞争关系，2 个或 3 个数值相同是互补关系，都不相同再看招股说明书来确定关系。本书参考马苏利斯和纳塔（2009）的方法，用产品代码来衡量 CVC 母公司与被投资企业之间的产品市场关系。首先搜集被投企业和 CVC 母公司主营业务的产品代码，根据《中国第三次全国经济普查统计分类标准和目录》中的产品代码分类方法分析产品市场间的竞争性或互补程度。如果 CVC 母公司与被投资企业双方的主营业务的产品代码中仅第一位或者前两位相同，双方视为弱互补性关系（weakly complementary）；如果产品代码前三位或前四位相同，双方视为强互补性关系（strongly complementary）；如果产品代码有五位以上相同的视为竞争性关系（competitive）。如果二者产品代码完全不匹配，那么继续根据《中国上市公司行业分类指引》来进一步区分双方间的产品市场关系。若 CVC 母公司与被投资企业两者行业代码的三位数完全相同，视为竞争关系；如果仅前两位相同，视为强互补关系，如果只有第一位相同的话视为弱互补关系。如果行业代码仍然完全不匹配，则根据上市公司的招股说明书和年报确定公司的营业范围，如果二者互为产业链上的上下游企业，视为强互补关系，如果二者营业范围中仅有个别业务相关，视为弱互补关系，若营业范围几乎一致，视为竞争关系。为检验 CVC 母公司与被投资公司间产品市场关系对技术契合的调节效应的影响，本书构建以下回归模型进行实证检验。

$$Innovation_{it} = a_0 + a_1 Debt_{it} + a_2 Age_{it} + a_3 Size_{it} + a_4 Roa_{it} + a_5 Locationship_{it}$$
$$+ a_6 CVC_{it} \times TechnologicalFit_{it} + a_7 CVC_{it} \times TechnologicalFit_{it}$$
$$\times Reorco_{it} + a_8 CVC_{it} \times Locationship_{it} + \varepsilon_{it}$$

$$FirmValue_{it} = b_0 + b_1 Debt_{it} + b_2 Age_{it} + b_3 Size_{it} + b_4 Roa_{it} + b_5 Locationship_{it}$$
$$+ b_6 CVC_{it} \times TechnologicalFit_{it} + b_7 CVC_{it} \times TechnologicalFit_{it}$$
$$\times Reorco_{it} + b_8 CVC_{it} \times Locationship_{it} + \varepsilon_{it}$$

在回归模型中引入 CVC 母公司与被投资公司产品市场间竞争、互补关系的虚拟变量 $Reorco$，当 CVC 母公司与被投资企业间的产品市场为互补关系（包括强互补与弱互补）时 $Reorco$ 取值为 1，否则为当 CVC 母公司与被投资企业间的产品市场为竞争关系时 $Reorco$ 取值为 0。面板数据混合回归结果如表 3 - 9 所示。

表 3 - 9 中的回归结果显示，引入 CVC 母公司与被投资企业间产品市场关系后，CVC 母公司与被投资企业间地理位置接近性（$CVC$ 与 $Locationship$ 的交叉项），对企业研发投入、发明专利以及市场价值的影响方向与显著性水平没有发生显著性变化。CVC 与技术契合（$Technological\ Fit$）交叉项，对被投资企业研发投入具有显著正向影响（回归系数为 0.1127，显著性水平为 5%），对被投资企业发明专利申请数具有显著负向影响（回归系数为 - 0.1066，显著性水平为 10%）。而 CVC 与技术契合（$TechnologicalFit$）以及双边产品市场关系（$Reorco$）的交叉项，则对被投资企业研发投入具有显著负向影响（回归系数为 - 0.1431，显著性水平为 1%），对被投资企业发明专利申请数具有显著正向影响（回归系数为 0.1567，显著性水平为 1%）。回归结果表明，在 CVC 母公司与被投资企业间产品市场关系为互补性时，双方的技术契合度会抑制被投资企业的研发投入，但是能够促进被投资企业的发明专利产出。在 CVC 母公司与被投资企业间产品市场关系为竞争性时，双方的技术契合度能够促进被投资企业的研发投入，但会抑制被投资企业的发明专利产出，研究假设 H3 - 3 成立。研究结果表明，引入 CVC 母公司与被投资企业间产品市场关系后，技术契合度对被投资企业市场价值的影响仍不显著，从回归系数看，甚至在一定程度上会对企业的市场价值产生一定的抑制作用。

表 3 - 9　　　　引入双边产品市场关系对技术契合度调节效应的影响

| 变量 | 创新投入 | 创新产出 | 市场价值 |
| --- | --- | --- | --- |
| $Debt$ | - 0.3840 *** <br>（- 8.96） | - 0.1302 *** <br>（- 2.84） | 0.0435 <br>（1.02） |
| $Age$ | - 0.0275 <br>（- 0.75） | 0.0032 <br>（0.08） | - 0.0312 <br>（- 0.85） |

续表

| 变量 | 创新投入 | 创新产出 | 市场价值 |
|---|---|---|---|
| *Size* | 0.0293<br>(0.73) | 0.2049 *** <br>(4.80) | − 0.2980 *** <br>( − 7.46) |
| *Roa* | − 0.1786 *** <br>( − 4.64) | − 0.1045 ** <br>( − 2.54) | 0.2932 *** <br>(7.63) |
| *Locationship* | − 0.0028<br>( − 0.06) | 0.0187<br>(0.38) | − 0.0331<br>( − 0.71) |
| *CVC · Locationship* | 0.2381 *** <br>(4.77) | 0.0720<br>(1.35) | 0.1182 ** <br>(2.37) |
| *CVC · TechnologicalFit* | 0.1127 ** <br>(2.04) | − 0.1066 * <br>( − 1.81) | − 0.0186<br>( − 0.34) |
| *CVC · TechnologicalFit ·*<br>*Reorco* | − 0.1431 *** <br>( − 2.74) | 0.1567 *** <br>(2.81) | − 0.0322<br>( − 0.62) |
| Year | YES | YES | YES |
| Adjust-$R^2$ | 0.1661 | 0.0475 | 0.1662 |
| F-statistics | 16.89 | 4.98 | 16.89 |
| Method | OLS | OLS | OLS |
| N | 639 | 639 | 639 |

注：*、**、***分别代表在 10%、5%、1% 的水平上显著，括号内为 t 值。

通过分析，笔者认为导致 CVC 对被投资企业价值创造作用不显著的原因主要有以下几方面。首先，从 CVC 区别于 IVC 的特征来看，由于 CVC 母公司自身的投资目标主要是通过开放式创新从被投资企业获取新技术，因而 CVC母公司关注的重点是被投资企业的技术创新而非其价值，这在一定程度上影响了其对被投资企业价值创造的作用。其次，本书研究样本企业选择的时间为 2008～2012 年，受金融危机的影响，这一时期中国上市公司的整体绩效较差，且同期中国股市的整体趋势走弱。而中国企业托宾 Q 值对企业负债、经营业绩、股票价格较为敏感（熊苗，2014；高丹、何情，2012），导致这一期间 CVC 与 IVC 投资的上市公司的整体市场价值较低。最后，中国证券市场，特别是创业板 "非常态"（高市盈率、高发行价、高超额募集）的 "三高" 特征，使其表现出 "前三后一" 特征，即在上市前三年，公司的托宾 Q 值都低于 1，但在上市后又快速扩大（张斌、兰菊萍、庞红学，2013）。上市公司托宾 Q 值在短期内急剧放大，其市值远高于其实际价值，导致大量的短期套利行为，并引起股票二级市场的剧烈波动，进而引起托宾 Q 值的大幅波动。因此，使用托宾 Q 值来研究中国企业的市场价值问题有时会产生模型失灵（崔琳珩、顾文博、黄涛，2012；徐莉萍、辛宇、陈工孟，2006）。以上因素综合影响了回归模型中 CVC 对被投资企业价值创造的作用效果，导致研究假设 H3 - 1 部分成立、研究假设 H3 - 4 没有通过检验，因而 CVC 与 IVC 对中国被投资企业价值创造的作用不显著。

## 3.4 研究结论

运用面板数据混合回归模型与倾向评分匹配法，实证检验了 CVC 与 IVC 对中国上市被投资企业技术创新与市场价值的影响，得到以下研究结论。

（1）CVC 对中国被投资企业的研发投入具有显著正向促进作用，CVC 支持企业的研发投入显著高于 IVC 支持的企业。CVC 对被投资企业的发明专利申请数以及企业市场价值的影响较小，对创新产出的影响效果还有待于进一步提升。在中国市场环境下，CVC 与 IVC 对被投资企业市场价值的提升效应均不显著，两种类型的创业投资组织形式都缺乏对被投资企业的机制创造功能。总体而言，与 IVC 相比，在本书研究期内，中国的 CVC 投资还没有展示出其独特的优势与特征。

（2）CVC 母公司提供的不同维度的互补性资产对被投资企业技术创新和市场价值的影响存在显著差异。具体表现为：CVC 母公司持股比例与被投资企业研发投入、发明专利申请量呈负向相关关系；董事会席位对被投资企业研发投入、发明专利申请具有正向影响；派驻企业的管理人员与技术人员对被投资企业的研发投入具有显著的正向影响，对被投资企业发明专利申请量和企业市场价值的影响为负。IVC 机构持股比例对被投资企业研发投入发明专利申请量具有正向影响、对企业市场价值具有负向影响，但均不显著。董事会席位对被投资企业发明专利申请量以及企业市场价值具有正向影响，但仅对发明专利申请量的影响通过显著性检验。

（3）技术契合、地理位置接近性以及双边产品市场关系的调节效应显著。CVC 母公司与被投资企业间的地理位置接近性对被投资企业的研发投入、市场价值均有显著正向影响，对被投资企业发明专利的影响也为正。而 IVC 机构与被投资企业间的地理位置接近性负向影响企业的市场价值。CVC 母公司与被投资企业间的技术契合度对企业技术创新与市场价值的影响均不显著。但引入 CVC 母公司与被投资企业间的产品市场关系后发现，CVC 母公司与被投资企业间技术契合度对技术创新的影响显著增强。通过进一步的实证分析发现，CVC 母公司与被投资企业间产品市场关系为互补性时，双方的技术契合度会抑制被投资企业的研发投入，但是能够促进被投资企业的发明专利产出。在 CVC 母公司与被投资企业间产品市场关系为竞争性时，双方的技术契合度能够促进被投资企业的研发投入，但会抑制被投资企业的发明专利产出。

切斯伯勒（2003）研究发现 CVC 母公司研发费用的提高与其进行公司创业投资相关。杜什尼茨基和莱诺克斯（2005）对不同行业企业的跟踪研究发现公司创业投资与公司的专利申请正相关。但本书的研究发现，与 IVC 相比，CVC 的介入显著地提升了被投资企业的研发投入，但 CVC 并不比 IVC 更显著地提高被投资企业的技术创新产出和市场价值。凯马努尔等人（2011）认为技术契合是 CVC 母公司促进被投资企业技术创新与价值增值的主要机制，但本书的研究发现只有在 CVC 母公司与被投资企业间的产品市场关系为互补性时，技术契合才能促进被投资企业的技术创新产出，对被投资企业的研发费用支出反而呈现抑制效应，同时 CVC 母公司与被投资企业间的技术契合对被投资企业市场价值的影响并不显著，研究结果显示甚至对企业市场价的影响为负。加里多和杜什尼茨基（2016）通过对生物医药产业的实证研究发现，CVC 母公司与被投资企业间的地理位置接近性能够有效促进被投资企业的技术创新，本书的研究支持了这一结论。同时，本书的研究还进一步发现，在互补性的双边产品市场关系下，地理位置接近性对被投资企业技术创新的影响更为显著，CVC 母公司与被投资企业间的地理位置接近性能够显著提升被投资企业的市场价值。

# 第4章 技术契合、控制权分配与公司创业投资支持企业技术创新绩效

本章的研究内容包括以下两方面：（1）CVC 母公司和初创公司的技术契合程度是否会对其创新起促进作用；（2）当合作双方技术契合度影响到初创公司的创新水平时，CVC 投资者持有的创业企业的控制权能否在企业起到中介作用。以往文献表明，初创公司与 CVC 投资者所拥有的共同知识基础、在业务上的相似度、母公司对被投资者的参与程度等都会对双方的创新产生影响。基于 KBV 理论、协同效应研究、组织学习理论以及委托代理理论，本章应用中小板块与创业板的 2006 ~ 2015 年的上市公司，并对这些公司进行筛选，挑出上市 3 年内从 CVC 获得融资的 117 家公司。对于创新绩效的衡量，本章采用 R&D 投入和年度专利申请量两个指数，然后采用中介效应检验流程，通过混合回归、负二项回归随机效应模型，考察了技术契合度对创业企业创新绩效的影响以及 CVC 控制权的中介作用。此外，还对主要变量进行更替检验，并采用 Heckman 两阶段模型以及 PSM 方法两种方法进行稳健性检验。研究发现，技术契合度显著促进创业企业的研发投入强度；技术契合度与创业企业的创新产出呈倒 U 型关系，并通过显著性检验；技术契合度与 CVC 拥有的控制权显著正相关；CVC 拥有的控制权对创新产出有显著正向影响，对创业企业研发投入强度的正向影响不明显；技术契合度对研发投入强度的影响来自两方面，一方面是其直接作用，另一方面是 CVC 拥有的控制权发挥的中介作用；同时对创新产出的影响也来自两部分，技术契合度对创新产出的直接影响以及 CVC 控制权在其中的中介效应。最后，本章从初创公司、政府部门、风险投资母公司三个角度出发探讨了怎样增强初创公司创新能力，提升母公司与初创公司合作的效果。

# 4.1　理论分析与研究假设

## 4.1.1　技术契合度对创新绩效的影响

据知识基础观（KBV）理论，企业的生产经营脱离资源是不能成功的，然而单凭内部资源，想要获得或维持竞争地位也十分困难。CVC 活动正是这样的一个窗口：大型公司以对外投资的方式获取领域前沿知识，增强自我创新水平。作为历经市场长期考验的老牌公司，CVC 母公司在自身发展的各个领域都积累了丰富的知识储备。CVC 投资是一种利用外部资源进行投资的方法，可以让 CVC 母公司和被投资公司都能得到相应的资源。对初创企业来说，CVC 母公司的知识技术注入为其在运营、市场、战略等方面提供了有力的支撑。除了得到了发展所需要的资金，初创企业还可以得到一系列增值服务，如技术上的支持、对市场的了解以及母公司发社会资源网络等。

企业要想成立联盟，知识基础的相近程度至关重要，越相近越有助于企业学习联盟内其他企业的技术知识（吴思静和赵顺龙，2011）。基于组织学习和协同理论，CVC 母公司与创业企业间技术契合度的提升促进了两者专业知识关联程度、资源重复利用程度以及社会关系一致性。与 CVC 母公司技术专长契合的初创企业能够更好地利用 CVC 母公司所带来的增值服务来提升自己的创新能力，同样，母公司也可以从初创公司获得创新点来渡过瓶颈期，使自己的创新能力更进一步。创业公司和 CVC 母公司之间的这种技术契合，使 CVC 能够拥有更好的行业资源和技术专长，并更好地了解创业公司的技术，这有助于在这些投资组合中培育创新。技术资源是稀缺的，企业获得这些资源要付出巨大的成本，CVC 母公司与被投资企业间的技术契合度降低了双方掌握新知识的学习成本与时间成本。母公司与被投资公司的技术是否契合决定了创新的效果以及战略目标的达成情况。凯马努尔等人（2011）分析了 CVC 对初创公司的价值创造以及技术创新的影响，指出双方的技术契合水平决定了初创公司的创新产出。

也有学者认为，知识与技术的重叠会导致公司的专有能力下降。尽管 CVC 母公司与创业企业的技术联盟作为技术探索策略可以相互补充，但当组合产生了知识冗余时，结果会是次优的（Dushnitsky and Lavie，2010）。派克和斯汀斯玛（2012）指出，母公司给予的互补的知识既可以提高被投资公司的技术商品化水平，又可以阻止被投资公司获得来自公众市场的互补资源。CVC 母公司和初创公司的技术契合过高，会造成知识的过度重叠，因而双方难以得到新知识，初创公司还会被过度吸收，从而使创新计划破产。根利特等人（Gentry et al.，2016）认为冗余的资源是在企业面临不确定或动态环境时可以使用的尚未被充分部署的资源，从而为企业的战略选择提供了灵活的手段。克里斯蒂安娜·韦伯和芭芭拉·韦伯（2005）指出，投资者与被投资者的知识相关程度与双方创新产出的关系都为倒 U 型。

综合以上分析，CVC 母公司能够为技术契合的创业企业提供高质量的创新资源，通过与其共享的知识基础，可以提高其学习效率，进而提高其创新能力。然而缺乏异质性的知识也使得双方缺乏沟通学习，更别提汲取新知识，从而导致创新的效果不理想。故而，提出以下研究假设。

H4 – 1：技术契合度能正向影响创业企业的创新绩效。

H4 – 2：技术契合度与创业企业创新绩效的关系表现为倒 U 型。

### 4.1.2 技术契合度对控制权分配的影响

国内外学者普遍认为，风险投资在创业企业的控制权主要受风险投资者与创业企业间信息不对称程度、风险投资者对创业企业的认可程度、风险投资者与创业企业家自身条件等因素的影响。陈森发和刘瑞翔（2006）认为，投资者与被投资者的互信程度越高，对创业公司的控制权转移越大。CVC 是一种独特的风险资本类型，其与其母公司在投资领域有着高度的战略联系，因此其与创业公司的关系往往要比传统的创业投资更紧密。袁鲲（2010）指出，随着风险资本和初创公司之间信息不对称性的增加，风险投资者会想要增加控制权。基于信息不对称理论和委托 – 代理理论，投资者与被投资者的技术契合可以相对增加信息透明度，从而使不确定性得到缓解。在 CVC 母公司与初创企业战略相匹配的情况下，CVC 在其母公司的支持下，为初创企业从事高风险项目提供融资和技术支持；并将供应商、客户、营销渠道等资源与创业公司进行分享。CVC 所掌握的关键资源可以帮助公司取得和保持对初创公司的控制权。梯若尔（Tirole，2001）的研究指出，创业者们必须将项目的控制权转移给风险投资人，以确保它们的投资获得成功。马苏利斯和纳塔（2009）研究发现，尽管创业企业的融资额来源于互补性和竞争性的 CVC 投资者，但创业企业会给予互补性投资者更多的董事会席位。当上市公司对相关行业进行风险投资时，更愿意派驻本公司高管担任被投资企业的高级管理职务。

总体而言，CVC 母公司与初创公司之间的战略契合可以有效地降低信息不对称的风险，CVC 不会要太多的控制权。但是，CVC 的母公司为初创企业提供了互补的资源，使得其在初创企业中的话语权得到了提高，而初创公司也乐于将更多的控制权交给 CVC。因此，研究假设如下。

H4 - 3：CVC 母公司与初创企业的技术契合度越高，CVC 获取的控制权越多。

### 4.1.3 控制权对创新绩效的影响

组织控制理论指出，公司治理作为企业制度的核心，主要通过资源的有序协调与合理配置实现对技术创新的支持作用（O'Sullivan，2000）。在创业公司中，公司的高级经理具有分配公司资源的资格，是公司创新的重要因素。控制权激励虽然是隐性的，但它所带来的满足感超越了显性的物质奖励。通过促进高管的自我激励，可以长期持续地激发其对技术创新的兴趣和能力，从而提高公司的价值。从人力资本的角度来考虑，企业技术创新的动力源于对拥有人力资本的员工的激励，对技术创新的直接奖励是最直接的激励因素，但控制权才是最根本的激励要素（王昌林和蒲勇健，2005）。CVC 投资者拥有的人力资本将为创业企业的创新提供丰富的知识和技能，在企业的创新活动中，企业的控制权激励决策结果直接影响企业的人力资本所有者的行为。CVC 所掌握的控制权则反映了其对公司日常运营管理的参与程度，其参与度越高，其所需要的管理经验也越多，其经营业绩越会得到改善。

基于信息不对称理论和委托－代理理论，CVC 在投资初创公司时，存在着显著的信息不对称、逆向选择和道德风险等问题。CVC 母公司和初创公司身处同一行业时，投资过程中的不确定因素会有所减少。王昌林和浦勇健（2005）指出，母公司获得控制权能够减少初创企业的机会主义的行为发生的可能性。控制权激励的本质是分配被投资企业的控制权，其结果将会对公司的创业者和创业者的决策产生不同的制约和激励作用，进而影响二者的经营业绩（鲁银梭和郑秀田，2014）。徐宁和徐向艺（2012）的研究发现，控制权激励仅出现在掌握了控制权的单位。在严格的产权制度下，掌握控制权可以推动财富的创造，这是提高公司效率的一个因素（鲁照旺，2008）。所以，授予 CVC 母公司控制权，也是产生激励作用的一种方式，即通过控制权的授予、授予后制约程度来衡量风险投资者的努力和贡献。

党兴华等（2008）指出，母公司在初创公司占取的董事会席位和特别掌控权对创业企业成长起重要作用。CVC 所拥有的控制权也可以作为 CVC 对初创公司运营的投入量的衡量指标，从而对初创公司学习知识以及最终的创新成果产生影响。CVC 的核心为战略规划，重点为创新资源的找寻，符合初创公司为提高创新业绩而进行技术创新的本意。从激励相容原则可以看出，CVC 的控制权激励对提高企业的创新业绩起着重要的影响。故而研究假设如下。

H4-4：CVC 获取的控制权能促进创业企业创新绩效的提升。

### 4.1.4　控制权的中介效应

解释变量对被解释变量的影响过程以及内在机理称为中介效应。换句话说，解释变量 X 对被解释变量 Y 通过变量 M 产生影响，M 即中介变量。上市公司进行 CVC 投资的主要对象是与其经营运作密切相关的初创公司。当初创公司与 CVC 母公司有着更高的技术契合度时，它吸收知识的效率也就更高，所以说两者之间的契合度对提高其创新能力具有重要意义。

本章的研究重点在于探讨技术契合对 CVC 的控制权以及 CVC 的控制权对技术契合对创新绩效的影响。基于信息不对称理论和委托 - 代理理论，在创业投资中，投资者往往通过董事会和监事会的监督来避免风险，在 CVC 投资者的监督下，创业企业家的工作热情得到提升。本书通过对 CVC 的分析，发现 CVC 母公司和初创企业之间的战略契合度有助于 CVC 获取更大的控制权。CVC 可以根据以往的产业经验，对初创公司的成败进行评估，制定初创公司的标准和发展路径（Yang et al.，2014）。作为一项创新产业链的重要变量，管理者制定公司决策并监督决策实施（邓峰和李亚慧，2019）。投资企业通过将高管派遣到初创企业的方式变相取得对初创企业的控制，而作为隐性的激励方式，控制权使得母公司更加尽心地帮助被投资公司。投资企业与被投资企业的技术契合度有助于 CVC 取得更大的控制权并更好地应用。莱恩和卢巴特金（Lane and Lubatkin，1998）指出，初创公司在交互式学习方式下的学习成果要比被动与主动学习要好，汲取外部知识的效率也会提高。投资企业将经理人员派遣到被投资公司，是一种互动的学习方法，高管可以将更多的隐性知识传递给创业者，从而对其创新绩效产生一定的影响。技术契合的公司，其母公司与初创公司主营业务具有较高的关联性，并且母公司派遣的高管对初创公司的发展和运营状况有清晰的了解，能够在合作进程中起到沟通作用，从更深的层面上促进母公司与创业公司之间的交流与沟通。刘露（2017）认为高水平的管理人员有助于提高公司绩效。CVC 的管理层在运营中拥有更多的资源，因此，它们的加入有利于提高初创公司的整体资源。公司的外部董事在监督和咨询方面具有很强的能力，但是由于缺乏对公司的深刻理解，因而不能提高公司的业绩（Arosa，2013）。因此，拥有类似于初创公司的知识，有助于 CVC 投资者更全面、深刻地认知初创公司，并对其做出正确的战略决策。

从以上的研究结果可以看出，技术契合度、公司创业投资者所持的控制权与创业公司的创新绩效有着密切的关系。技术匹配对创业公司的创新绩效有影响，其原因是技术契合度对 CVC 取得的控制权的影响，进而通过控制权来影响企业的创新业绩。这也表明控制权对技术匹配性的影响具有一定的中介效应。因此，提出以下研究假设。

H4 - 5：公司创业投资者获取的创业企业控制权在技术契合度与创新绩效之间起到中介作用。

## 4.2　实　证　研　究

### 4.2.1　样本选择与数据来源

当前，知识与技术已经取代资本和劳动成为经济增长的主要推动因素，以创业企业形式出现的高科技企业作为构成高新技术行业的微观单位，在经济体系中的角色日益重要。鉴于公司创业投资主要推动的是创业投资和中小企业的发展，并考虑数据的可得性，研究选择 2006 ～ 2015 年在中小板和创业板上市的企业为研究样本。同时通过如下方式进行手动筛选。

上市大企业主要通过参股、控股或独立成立创投机构这三种形式参与 CVC 投资活动，因此首先查阅样本企业年报中的前十大股东，将十大股东中由上市大企业参股、控股或独立成立创业投资机构的企业挑选出来。然后对样本进一步筛选，剔除样本中房地产开发类、金融类或主营业务包含创业投资的企业，这些企业更注重财务收益而非战略收益。同时，剔除在研究期内被特殊处理、被停止上市的企业及数据缺失的企业。为了保持足够的样本记录，样本企业要满足上市 3 年内都获得 CVC 支持这一要求，数据截止日期为 2017 年底。经过上述处理，满足条件的共有 117 家上市公司，3 年共有 351 个有效样本观测值。

本书通过 CSMAR 和 Wind 数据库、佰腾网和巨潮资讯网的企业年报获得样本数据。数据通过 Excel 进行整合筛除，并用 Stata12.0 进行实证检验。

### 4.2.2　变量定义

#### 1. 被解释变量——创新绩效（*INO*）

学术界至今还没有一个统一的衡量创新效率与成果的指标体系（刘学元等，2016）。目前，学术界对创新绩效评估的研究主要集中在创新投入与产出、过程与效益等方面。格明登等（Gemünden et al.，1996）从产品和工艺的创新成败两方面衡量 INO，为 INO 的度量打下了坚实的基础，很多学者对其进行了研究和完善。刘铭和姚岳（2014）从过程和结果两方面构建了 INO 的衡量指标，过程能力从管理、研发、应用以及营销四个角度进行衡量，结果的效益从经济、技术和社会三个角度来衡量。刘学元等（2016）用 6 个题项及其 7 点Likert 量表的度量结果来测度 INO，得分与 INO 成正比。虽然测度技术创新的指标覆盖性较强，但重叠度较高，而且极难搜集并整理使之数理化。故而学者们多采用概括性较强的测度指标，包括 R&D 费用、专利申请等。易靖韬（2015）、郭明杰（2018）基于企业用于研发的资金占总体营收的比重来表示企业的创新投入情况。邹双、成力为（2017）用公司的三类专利申请全年总量来衡量创新产出。考虑到现实中人们对于专利文献的使用情况并不积极，使用被引用的情况会导致企业的创新绩效测量比真实水平低，从而产生很大的偏差。本书参考前人的研究成果，结合数据操作的难度，从投入和产出角度来确定创新的评价指标。因为公司的研发投资总额与公司的规模有关，为避免公司规模的异质性对研发投入的度量的误导，本书以研发投入与营业收入比值来衡量研发投入强度。学者常用专利申请或授权量来衡量创新产出。专利授权机构工作人员的工作效率、偏好对专利授予的数量和时效性有一定的影响，申请到拿到授予许可需要很多的时间，专利申请日期可以相对客观地体现企业创新。根据相关法律规定，专利包括不同三种类型，故创新产出以三类不同专利申请数量之和来表示。

#### 2. 解释变量——技术契合度（*TF*）

投资企业与被投资企业在主营业务方面具有相同的资源和技术知识，可以被视为技术上的契合。格鲁伦等人（Grullon et al.，2006）采用 SIC（标准产业分类）代码评估 CVC 母公司与创业企业间的关系，但基于 SIC 的相关性度量存在信息量小、对企业相关性描述宽泛等局限性。马苏利斯和纳塔（2009）通过 CorpTech 目录收集行业和产品代码，衡量 CVC 母公司与创业企业间的关联度，该目录对企业运营的特定市场和产品层次进行了详细分类。我国上市企业尚未明确披露精细的运营市场和产品级别的分类，因此，本书在这些学者的研究基础上进行改进，使用行业接近性作为测度 CVC 母公司与被投资企业间技术契合的指标。按照《国民经济行业分类》（GB/T 4754—2017），通过行业代码五位数的一致性程度计算 CVC 母公司与创业企业间的技术契合度，若第一位代码不同，则技术契合度为 0，代码每相同一位则技术契合度增加 1/5。

### 3. 中介变量——控制权（Control）

杨继国和童香英（2006）提出控制权与派遣高管进入初创公司董事会等同，包含了通过决议的资格和实施之后的监督。CVC 通过参与公司董事会、监事会的决策来实现对初创企业的监督和控制。与此同时，CVC 的母公司还通过派遣管理人员、技术人员和财务人员参与到创业公司的经营管理中来获得日常生产、销售等经营决策的权力。由于 CVC 母公司派来的技术和财务人员的详细资料在年报中没有披露，本书从董事会、监事会和管理层三个层次对 CVC 的控制权进行了研究。根据我国上市企业的实际情况，管理层具体包括总经理、副总经理、财务负责人和董事会秘书。综合借鉴梯若尔（2001）和王雷（2008）的研究成果，CVC 获取的控制权选用 CVC 在创业企业拥有的董事会席位比例、监事会席位比例及管理人员占比的平均值来衡量。

### 4. 控制变量

已有研究普遍认为，公司的特性和财务特性都会影响创新。斯特芬和尼希达（Stphen and Nidthida，2008）、尹航等（2019）发现地理距离对创新有一定的影响。托马斯（2014）选取了规模、年龄等指标作为其研究的控制变量。为使实证结果更加可靠，本书选择了以下 6 个控制变量。

（1）企业规模（size）：用企业总资产取对数。

（2）企业年龄（age）：以企业成立年份到样本数据选取时的时间长度表示。

（3）财务杠杆（debt）：总负债/总资产，即资产负债率。

（4）盈利能力（profit）：用净利润/总资产表示。

（5）增长机会（TBQ）：托宾 Q 值。

（6）地理距离（area）：虚拟变量，双方位于同一省市则取值为 1，否则为 0。地理距离越短，越有利于双方的互动学习，越能提升初创公司 INO。

此外，还对年份、行业同时进行控制。表 4-1 展示了各变量情况。

**表 4 - 1** 　　　　　　　　　　　　　　　　　各变量信息

| 变量类型 | 变量 | 变量简称 | 测度方法 |
|---|---|---|---|
| 因变量 | 研发投入强度 | *Input* | 研发投入/营业收入 |
| | 专利申请数 | *Patent* | 实用新型专利 + 外观设计专利 + 发明专利申请数 |
| 自变量 | 技术契合度 | *TF* | 与国民经济行业分类与代码进行比对，代码每相同一位则技术契合度增加1/5 |
| 中介变量 | 控制权 | *CR* | CVC在创业企业拥有的董事会席位比例、监事会席位比例、管理人员占比的平均值 |
| 控制变量 | 企业规模 | *Size* | 企业总资产取对数 |
| | 企业年龄 | *Age* | 企业成立年份到样本数据选取时的时间长度 |
| | 地理距离 | *Area* | 双方位于同一省市则取值为1，否则为0 |
| | 盈利能力 | *Profit* | 净利润/总资产 |
| | 财务杠杆 | *Debt* | 总负债/总资产 |
| | 增长机会 | *TBQ* | 托宾Q值 |
| | 时间效应 | *Year* | 设置年度虚拟变量 |
| | 行业效应 | *Industry* | 设置行业虚拟变量 |

## 4.2.3　模型设定与方法选取

### 1. 估计方法

本研究的因变量为研发投入强度、专利申请量，且变量值皆大于 0 且为整数。因此考虑用豪斯曼等人（Hausman et al.，1984）指导的计数类模型进行研究，考虑到泊松分布要求数据满足条件较高，故本研究分别采用负二项回归模型、混合回归模型检验技术契合度、控制权与专利申请数之间的关系以及与研发投入强度之间的关系。数据为非平衡面板数据，在回归过程中通过豪斯曼检验选择采用固定效应或是随机效应。

### 2. 技术契合度对创新绩效的影响

研究采用的多元回归模型如下：

$$INO_{u,t} = \alpha_0 + \alpha_1 TF_{u,t} + \alpha_2 Size_{u,t} + \alpha_3 Age_{u,t} + \alpha_4 Area_{u,t} + \alpha_5 Debt_{u,t} +$$
$$\alpha_6 Profit_{u,t} + \alpha_7 TBQ_{u,t} + \sum Year + \sum Industry + \varepsilon_{u,t} \qquad (4-1)$$

$$INO_{u,t} = \alpha_0 + \alpha_1 TF_{u,t} + \alpha_2 TF_{u,t}^2 + \alpha_3 Size_{u,t} + \alpha_4 Age_{u,t} + \alpha_5 Area_{u,t} + \alpha_6 Debt_{u,t} +$$
$$\alpha_7 Profit_{u,t} + \alpha_8 TBQ_{u,t} + \sum Year + \sum Industry + \varepsilon_{u,t} \qquad (4-2)$$

其中，*INO* 为因变量，即研发投入强度和专利申请数；*TF* 为自变量技术契合度；控制变量为 *Size*、*Age*、*Area*、*Debt*、*Profit*、*TBQ*；$\alpha_i(i=1,2,\cdots,9)$ 分别为各变量对应的回归系数。

### 3. 控制权的中介效应

逐步回归法是常用的中介检验方法（Baron and Kenny，1986；温忠麟等，2005），但近年来该方法饱受质疑。有学者综合近来中介效应方法的研究成果，总结出一个中介效应分析流程，并对原有的方法进行改进（温忠麟和叶宝娟，2014）。用下列回归方程描述变量间的关系，其中 *X* 为自变量，*Y* 为因变量，*M* 为中介变量：

$$Y = cX + e_1$$
$$M = aX + e_2$$
$$Y = c'X + bM + e_3$$

新的流程步骤如图 4－1 所示。

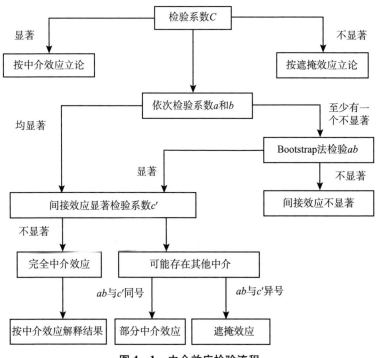

**图 4－1　中介效应检验流程**

通过以上中介效应检验流程，考察了 CVC 投资者的控制权在技术契合度对初创公司创新绩效影响中的中介作用。主要流程包括：首先实证检验技术契合度对初创公司 *INO* 的影响和对控制权授予的影响，然后通过加入控制权，从创新投入和创新产出两个方面分别检验剩余控制权在技术契合度对初创公司 *INO* 影响中发挥的中介作用。在模型（4-1）和模型（4-2）的基础上进一步构建如下模型：

$$CR_{u,t} = \alpha_0 + \alpha_1 TF_{u,t} + \alpha_2 Size_{u,t} + \alpha_3 Age_{u,t} + \alpha_4 Area_{u,t} + \alpha_5 Debt_{u,t} +$$
$$\alpha_6 Profit_{u,t} + \alpha_7 TBQ_{u,t} + \sum Year + \sum Industry + \varepsilon_{u,t}$$

$$(4-3)$$

构建模型（4-4）和模型（4-5）检验剩余控制权在技术契合度与创新投入、产出两组关系中的中介效应。

$$INO_{u,t} = \alpha_0 + \alpha_1 TF_{u,t} + \alpha_2 CR_{u,t} + \alpha_3 Size_{u,t} + \alpha_4 Age_{u,t} + \alpha_5 Area_{u,t} +$$
$$\alpha_6 Debt_{u,t} + \alpha_7 Profit_{u,t} + \alpha_8 TBQ_{u,t} + \sum Year + \sum Industry + \varepsilon_{u,t}$$

$$(4-4)$$

$$INO_{u,t} = \alpha_0 + \alpha_1 TF_{u,t} + \alpha_2 TF_{u,t}^2 + \alpha_3 CR_{u,t} + \alpha_4 Size_{u,t} + \alpha_5 Age_{u,t} +$$
$$\alpha_6 Area_{u,t} + \alpha_7 Debt_{u,t} + \alpha_8 Profit_{u,t} + \alpha_9 TBQ_{u,t} + \sum Year +$$
$$\sum Industry + \varepsilon_{u,t}$$

$$(4-5)$$

为检验 CVC 拥有的创业企业控制权对创业企业创新绩效的影响，研究构建模型（4-6）：

$$INO_{u,t} = \alpha_0 + \alpha_1 CR_{u,t} + \alpha_2 Size_{u,t} + \alpha_3 Age_{u,t} + \alpha_4 Area_{u,t} + \alpha_5 Debt_{u,t} +$$
$$\alpha_6 Profit_{u,t} + \alpha_7 TBQ_{u,t} + \sum Year + \sum Industry + \varepsilon_{u,t}$$

$$(4-6)$$

## 4.3 实证结果与分析

### 4.3.1 描述性统计

1. 样本分布

参考国家标准行业分类方法，对 7 个行业进行了细分，涉及 23 个特定的子行业，分布情况详见表 4-2。从表 4-2 中可以看到，受 CVC 投资的初创公司主要为制造业，排名前三的高科技行业各占比 13.68%、11.11%、10.26%，均超过 10%。而 CVC 在橡胶、文教、铁路、黑色金属等传统行业中投资较少，只有 0.855%，低于 1%。因此，CVC 对高科技公司的投资具有明显的优势。

表 4-2　　　　　　　　CVC 投资在 23 个行业的分布情况

| 行业分类 | 所占比例（%） |
| --- | --- |
| 造纸和制品业 | 0.86 |
| 石油和天然气开采业 | 0.86 |
| 橡胶和塑料制品业 | 0.86 |
| 文教、工美、体育和娱乐用品制造业 | 0.86 |
| 铁路、船舶航空天和其他运输设备制造业 | 0.86 |
| 黑色金属冶炼和压延加工业 | 0.86 |
| 纺织业 | 1.71 |
| 专业技术服务专业 | 2.56 |
| 有色金属冶炼和压延加工业 | 2.56 |
| 仪器仪表制造业 | 2.56 |
| 汽车制造业 | 2.56 |
| 金属制品业 | 2.56 |
| 非金属矿物制品业 | 3.42 |
| 食品制造业 | 4.27 |
| 互联网和相关服务 | 5.13 |
| 通用设备制造业 | 5.98 |
| 化学原料和制品造业 | 5.98 |
| 电气机械和器材制造业 | 7.69 |
| 专用设备制造业 | 8.55 |
| 医药制造业 | 10.26 |
| 软件和信息技术服务业 | 11.11 |
| 计算机、通信和其他电子设备制造业 | 13.68 |

## 2. 变量的描述性统计

实证检验前，先进行描述性统计，其结果如表 4 – 3 所示。在抽样中，研发投入强度最低的为 0，最高为 0.984，标准差为 0.093。专利申请量最少为 0 件，最多为 343 件，平均申请量为 14 件，标准差为 29.728，可见创业企业的创新能力有较大差异。投资公司与创业公司的技术契合度（$TF$）均值为 0.29，双方的技术契合水平不高。CVC 控制权（$Control$）在 0~0.33 间波动，均值为 0.05，说明虽然少数 CVC 得到较大控制权，但是 CVC 总体拥有较少的控制权。

企业规模（$Size$）最大值与最小值差异很小，说明企业规模之间的差异性特征较小。存续年限（$Age$）标准差达 4.9，说明企业成立经历了较长的时间跨度。创业企业总负债/总资产（$Debt$）平均为 0.272%，但受个别极值影响，总资产收益率的均值达 6.1%，由此可见，初创公司具有较强的营利能力，并且收益具有较小的波动性。托宾 Q 值（$TBQ$）平均值为 3.6，表明 CVC 资助的初创公司具有一定的市值规模。

表 4 – 3 描述性统计

| 变量 | 均值 | 标准差 | 最小值 | 最大值 |
| --- | --- | --- | --- | --- |
| $Age$ | 10.274 | 4.920 | 1.000 | 22.000 |
| $Area$ | 0.385 | 0.487 | 0.000 | 1.000 |
| $CR$ | 0.036 | 0.039 | 0.000 | 0.333 |
| $Debt$ | 0.270 | 0.160 | 0.010 | 0.730 |
| $Input$ | 0.070 | 0.090 | 0.000 | 0.980 |
| $Patent$ | 14.390 | 29.730 | 0.000 | 343.000 |
| $Profit$ | 0.060 | 0.040 | − 0.130 | 0.190 |
| $Size$ | 21.020 | 0.700 | 19.200 | 23.310 |
| $TBQ$ | 3.360 | 2.690 | 0.240 | 24.300 |
| $TF$ | 0.230 | 0.318 | 0.000 | 1.000 |

## 4.3.2　相关性分析和多重共线性检验

各变量间相关性情况如表 4-4 所示。技术契合和研发投入强度在 1% 的水平上明显正相关，部分地支持了研究假设 H4-1。技术契合度与专利申请量正相关，但与专利申请量（Patent）间有一定的非线性关系，需要进一步回归分析才能看到具体结果。控制权（Control）在 1% 水平上与研发投入强度（Input）的正相关关系成立，而在 5% 水平上与专利申请量（Patent）显著正相关，部分验证了研究假设 H4-3。技术契合度（TF）与控制权（Control）在 1% 水平上显著正相关，部分验证了研究假设 H4-4。变量间大部分都呈现出显著相关特征，且变量之间的检验因子都没有超过 0.5，这表明各个变量之间并没有显著的多重共线性关系。

表 4-4　　　　　　　　　　　相关性分析

| 变量 | Input | Patent | TF | CR | Size | Age | Area | Debt | Profit | TBQ |
|---|---|---|---|---|---|---|---|---|---|---|
| Input | 1 | 0.09 * | 0.31 *** | 0.17 *** | -0.12 ** | 0 | -0.12 ** | -0.31 *** | -0.04 | 0.14 *** |
| Patent | | 1 | 0.07 | 0.13 ** | 0.14 ** | -0.07 | -0.04 | 0.07 | -0.05 | -0.11 ** |
| TF | | | 1 | 0.20 *** | 0.03 | -0.08 | 0.26 *** | -0.13 ** | -0.07 | -0.08 |
| CR | | | | 1 | -0.06 | -0.07 | 0.06 | -0.08 | 0.07 | -0.06 |
| Size | | | | | 1.000 | -0.063 | 0.031 | 0.43 *** | -0.06 | -0.21 *** |
| Age | | | | | | 1 | -0.05 | -0.03 | -0.03 | 0.14 ** |
| Area | | | | | | | 1 | 0.29 *** | -0.19 *** | -0.14 *** |
| Debt | | | | | | | | 1 | -0.28 *** | -0.21 *** |
| Profit | | | | | | | | | 1 | 0.39 *** |
| TBQ | | | | | | | | | | 1 |

注：*、**、*** 分别代表在 10%、5%、1% 的水平上显著，括号内为 t 值。

多元线性回归模型中存在多个共线性问题，为了防止多个解释变量间的相互关系导致模型估算结果的畸变，本研究还利用 VIF 来判定多个变量间的共线性关系，结果见表 4-5。检验结果表明解释变量不存在多重共线性，样本选取合理。本研究将技术契合度的平方项添加到技术匹配和创新绩效的模型中，通过去中心化技术契合度变量来避免共线性的影响。

表 4 - 5                            多重共线性检验

| 变量 | 创新投入 | | 创新产出 | |
|---|---|---|---|---|
| | 容差 | VIF | 容差 | VIF |
| *TF* | 0.83 | 1.21 | 0.83 | 1.21 |
| *Age* | 0.96 | 1.04 | 0.96 | 1.04 |
| *Area* | 0.8 | 1.25 | 0.8 | 1.25 |
| *CR* | 0.94 | 1.06 | 0.94 | 1.06 |
| *Debt* | 0.77 | 1.29 | 0.77 | 1.29 |
| *Profit* | 0.65 | 1.55 | 0.65 | 1.55 |
| *TBQ* | 0.79 | 1.27 | 0.789 | 1.27 |
| *Size* | 0.76 | 1.32 | 0.76 | 1.32 |

### 4.3.3 回归结果分析

研究通过中介效应分析,对技术契合度、控制权与创新绩效三者关系进行了回归分析,来探讨投资公司与被投资公司技术契合度对初创公司 INO 的影响以及 CVC 控制权的中介效应。

### 1. 技术契合度对创新绩效的影响

根据上文的步骤,研究通过式(4 - 1)分别检验技术契合度对创业企业研发投入强度和专利申请量的影响,结果详见表 4 - 6。技术契合度的系数通过显著性检验且结果为 0.107,表明技术契合度对创业企业的研发投入强度有着显著的促进作用,验证了研究假设 H4 - 1。同时,创业企业的盈利能力与创新投入在 5% 的水平上显著为负。一般企业创新所需的现金流与盈利能力正相关,可能的原因是创业企业受资金短缺的限制较大,企业把盈利用来弥补资金短缺的项目,从而降低了研发投入强度。在技术契合度对专利申请数的影响中,技术契合度的二次项系数($TF^2$)是 - 2.7,一次项系数($TF$)是 1.3,分别都通过了显著性检验,意味着技术契合度与创业企业的创新产出表现出倒 U 型关系,这表明技术契合度小于某限定值时,两者同向变化;慢慢增长到相应限度时,两者反向变化,验证了研究假设 H4 - 2。CVC 母公司与创业企业的地域差异与创新产出在 10% 的水平上显著负相关,双方地理位置相距越远,越不利于创新产出的增加,原因是距离相近的 CVC 母公司与创业企业地域文化差异小，有利于双方在合作过程中更好地沟通交流。

表4-6　　　　　　　　　　基准回归结果

| 变量 | M4-1 | M4-2 |
|------|------|------|
|      | 创新投入 | 创新产出 |
| *TF* | 0.107 *<br>(0.058) | 1.332 **<br>(0.660) |
| *TF*² |  | -2.655 **<br>(1.236) |
| *Size* | -0.007<br>(0.008) | -0.141<br>(0.185) |
| *Age* | 0.001<br>(0.001) | -0.008<br>(0.025) |
| *Area* | -0.035<br>(0.022) | -0.445 *<br>(0.252) |
| *Profit* | -0.207 **<br>(0.095) | 2.671<br>(2.116) |
| *Debt* | -0.036<br>(0.028) | 2.204 ***<br>(0.700) |
| *TBQ* | 0.001<br>(0.001) | -0.067 **<br>(0.032) |
| 常数项 | 0.201<br>(0.162) | 2.650<br>(3.693) |
| 年份固定效应 | Yes | Yes |
| 行业固定效应 | Yes | Yes |
| R² | 0.217 |  |
| N | 351 | 351 |

注：*、**、***分别代表在10%、5%、1%的水平上显著。

### 2. 控制权的中介效应分析

以上回归结果表明，投资公司与被投资公司的技术契合度对 R&D 投入强度（*Input*）和专利申请数（*Patent*）影响显著。在此基础上，按照温忠麟和叶宝娟（2014）提出的方法进一步检验控制权（*Control*）的中介效应，检验情

况如表 4 - 7 所示。第一步，技术契合度对创新投入的影响已通过表 4 - 6 中的
M4 - 3、M4 - 4 和 M4 - 5 完成检验，技术契合度的系数为正且显著，则以中介
效应立论。由表 4 - 7 中 M4 - 3 结果可以看出，技术契合度与控制权之间的系
数通过了 5% 显著性水平检验，表明 CVC 母公司与创业企业间的技术契合度越
高，CVC 获取的创业企业控制权越大，支持了假设 H4 - 3。M4 - 4 在 M4 - 3
的基础上加入控制权一项，由于 M4 - 3 中技术契合度的系数显著，M4 - 4 中
控制权的系数不显著，因此用 Bootstrao 法进行检验，结果显著，表明存在中介
效应。M3 - 1 中的技术契合度系数显著，M4 - 3 中技术契合度的系数与 M4 - 4
中控制权系数的乘积和 M4 - 4 中技术契合度的系数同号，表明存在部分中介
效应，并且加入控制权后，技术契合度的影响更加显著。用 M4 - 5 检验控制
权在技术契合度对专利申请数的影响过程中是否产生中介作用。表 4 - 6 中的
M4 - 2 已检验出技术契合度对专利申请数有显著的作用，则按中介效应立论。
同时，M4 - 3 中技术契合度的系数在 5% 的显著性水平上显著为正，M4 - 5 中
控制权的系数在 10% 的显著性水平上为正，说明间接效应存在。由于 M4 - 4
中技术契合度的一次项在 5% 的显著性水平上为正，技术契合度的二次项
($TF^2$) 在 5% 的显著性水平上为负，M4 - 3 中技术契合度的系数与 M4 - 5 中
控制权系数的乘积和 M4 - 5 中技术契合度的系数同号，说明存在部分中介效
应，支持研究假设 H4 - 4。

表 4 - 7　　　　　　　　　　中介效应检验

| 变量 | M4 - 3 | M4 - 4 | M4 - 5 |
| --- | --- | --- | --- |
| | 控制权 | 创新投入 | 创新产出 |
| $TF$ | 0. 025 ** | 0. 107 * | 1. 365 ** |
| | (0. 011) | (0. 057) | (0. 656) |
| $TF^2$ | | | - 2. 732 ** |
| | | | (1. 232) |
| $CR$ | | 0. 015 | 2. 704 * |
| | | (0. 049) | (1. 614) |
| $Size$ | - 0. 003 | - 0. 006 | - 0. 149 |
| | (0. 005) | (0. 008) | (0. 183) |
| $Age$ | 0. 001 | 0. 001 | - 0. 011 |
| | (0. 001) | (0. 001) | (0. 025) |
| $Area$ | - 0. 003 | - 0. 035 | - 0. 472 * |
| | (0. 016) | (0. 022) | (0. 251) |

续表

| 变量 | M4 – 3 | M4 – 4 | M4 – 5 |
| --- | --- | --- | --- |
|  | 控制权 | 创新投入 | 创新产出 |
| *Profit* | 0.053<br>(0.064) | – 0.209 **<br>(0.096) | 2.478<br>(2.113) |
| *Debt* | 0.008<br>(0.016) | – 0.037<br>(0.028) | 2.229 ***<br>(0.701) |
| *TBQ* | – 0.001<br>(0.001) | 0.001<br>(0.001) | – 0.070 **<br>(0.031) |
| 常数项 | 0.144<br>(0.102) | 0.196<br>(0.163) | 2.546<br>(3.653) |
| $R^2$ | 0.133 | 0.219 |  |
| N | 351 | 351 | 351 |
| 年份固定效应 | Yes | Yes | Yes |
| 行业固定效应 | Yes | Yes | Yes |

注：＊、＊＊、＊＊＊分别代表在10%、5%、1%的水平上显著。

### 3. 控制权对创新绩效的影响

为检验 CVC 获取的创业企业剩余控制权对创新绩效的影响，研究按照式
(4-4) 对控制权与创新绩效之间的关系进行回归分析，回归结果见表4-8。根
据列 (1) 的回归结果，CVC 拥有的控制权有利于促进创业企业研发投入强度
的提升，但效果不显著。根据列 (2) 的回归结果，控制权系数在10%的水平
上显著为正，说明 CVC 拥有的控制权增加了创业企业的创新产出。

表4-8　　　　　　　　控制权与创新绩效的回归结果

| 变量 | (1) | (2) |
| --- | --- | --- |
|  | 创新投入 | 创新产出 |
| *CR* | 0.029<br>(0.054) | 2.671 *<br>(1.579) |
| *Constant* | 0.160<br>(0.157) | 2.004<br>(3.644) |

续表

| 变量 | (1) | (2) |
|---|---|---|
| | 创新投入 | 创新产出 |
| *Size* | -0.004<br>(0.008) | -0.126<br>(0.183) |
| *Age* | 0.001<br>(0.001) | -0.004<br>(0.024) |
| *Area* | -0.017<br>(0.014) | -0.345*<br>(0.233) |
| *Profit* | -0.216**<br>(0.103) | 2.675<br>(2.148) |
| *Debt* | -0.048<br>(0.031) | 2.088***<br>(0.680) |
| *TBQ* | 0.001*<br>(0.001) | -0.068**<br>(0.032) |
| *Constant* | 0.160<br>(0.157) | 2.004<br>(3.644) |
| R$^2$ | 0.110 | |
| N | 351 | 351 |
| 年份固定效应 | Yes | Yes |
| 行业固定效应 | Yes | Yes |

注：*、**、***分别代表在10%、5%、1%的水平上显著。

### 4.3.4　稳健性检验

#### 1. 替换因变量

参考其他学者研究，选取 R&D 总支出与年初总资产比值作为研发投入强度的衡量指标（Thomas，2014；周迎，2018）。前文采用当年专利申请数来代指初创公司的创新产出，但 CVC 母公司对初创公司创新的影响因研发周期的存在而具有一定的滞后性，故研究用提前 1 期的专利申请数（*Patentut* +1）来代指初创公司的创新产出。由表4 - 9 中结果可知，技术契合度与研发投入强度显著正相关；技术契合度与专利申请数呈倒 U 型关系，并通过显著性检验；控制权在技术契合度对创新绩效的影响过程中起到部分中介作用；控制权对创业企业的研发投入强度正相关，但不显著，控制权与创业企业的专利申请数显著正相关。

**表 4 - 9**　　　　　　　　　　替换因变量的稳健性检验

| 变量 | M4 - 1 | M4 - 2 | M4 - 3 | M4 - 4 | M4 - 6 | M4 - 6 |
|---|---|---|---|---|---|---|
| | 创新投入 | 创新产出 | 创新投入 | 创新产出 | 创新投入 | 创新产出 |
| $TF$ | 0.02 *<br>(0.009) | 1.31 **<br>(0.554) | 0.02 *<br>(0.009) | 1.29 **<br>(0.548) | | |
| $TF^2$ | | -2.22 **<br>(1.041) | | -2.40 **<br>(1.033) | | |
| $CR$ | | | 0<br>(0.018) | 3.14 *<br>(1.743) | 0.03<br>(0.054) | 2.91 *<br>(1.709) |
| $Size$ | -0.01 **<br>(0.003) | -0.26<br>(0.160) | -0.006 **<br>(0.003) | -0.26 *<br>(0.157) | -0.004<br>(0.008) | -0.25<br>(0.159) |
| $Age$ | 0.43 *<br>(0.000) | -0.025<br>(0.021) | 0.35 *<br>(0.000) | -0.03<br>(0.021) | 0.001<br>(0.001) | -0.023<br>(0.021) |
| $Area$ | 0.003<br>(0.005) | -0.242<br>(0.212) | 0.003<br>(0.005) | -0.234<br>(0.209) | -0.017<br>(0.014) | -0.099<br>(0.202) |
| $Profit$ | 0.05<br>(0.033) | 2.470<br>(2.002) | 0.045<br>(0.033) | 2.190<br>(1.990) | -0.216 **<br>(0.103) | 2.449<br>(2.028) |
| $Debt$ | 0.017 *<br>(0.010) | 0.856<br>(0.645) | 0.016 *<br>(0.010) | 0.943<br>(0.646) | -0.048<br>(0.031) | 0.800<br>(0.641) |
| $TBQ$ | 0.002 ***<br>(0.000) | -0.024<br>(0.036) | 0.002 ***<br>(0.000) | -0.027<br>(0.036) | 0.001 *<br>(0.001) | -0.028<br>(0.036) |
| 常数项 | 0.13 **<br>(0.060) | 4.61<br>(3.219) | 0.13 **<br>(0.061) | 4.42<br>(3.159) | 0.11 **<br>(0.058) | 4.14<br>(3.203) |
| $R^2$ | 0.126 | | 0.137 | | 0.11 | |
| N | 351 | 351 | 351 | 351 | 351 | 351 |
| 年份固定效应 | Yes | Yes | Yes | Yes | Yes | Yes |
| 行业固定效应 | Yes | Yes | Yes | Yes | Yes | Yes |

注：*、**、***分别代表在 10%、5%、1% 的水平上显著。

## 2. 替换中介变量

控制权可划分为实质控制权与名义控制权，通过合同或其他方式赋予的控制权为实质控制权，名义控制权常以持股的方式赋予。稳健性测试中，采用 CVC 持股比例（$SR$）来衡量公司的控制权。结果如表 4 – 10 所示。CVC 控制权在技术契合度对初创企业创新产出的影响中起着一定的中介作用，但对创新投入的影响不显著。

**表 4 – 10**                替换中介变量的稳健性检验

| 变量 | M4 – 3<br>实质控制权 | M4 – 4<br>创新投入 | M4 – 5<br>创新产出 | M4 – 6<br>创新投入 | M4 – 6<br>创新产出 |
|---|---|---|---|---|---|
| $TF$ | 0.04 **<br>(0.02) | 0.11 *<br>(0.06) | 1.17 *<br>(0.66) | | |
| $TF^2$ | | | − 2.50 **<br>(1.23) | | |
| $SR$ | | 0.01<br>(0.03) | 2.68 *<br>(1.62) | 0.07<br>(0.02) | 2.88 *<br>(1.57) |
| $Size$ | − 0.01 *<br>(0.006) | − 0.008<br>(0.008) | − 0.12<br>(0.184) | − 0.006<br>(0.008) | − 0.102<br>(0.183) |
| $Age$ | 0.002<br>(0.001) | 0.001<br>(0.001) | − 0.014<br>(0.025) | 0.001<br>(0.001) | − 0.010<br>(0.024) |
| $Area$ | 0.002<br>(0.011) | − 0.035<br>(0.022) | − 0.442 *<br>(0.250) | − 0.017<br>(0.015) | − 0.344<br>(0.231) |
| $Profit$ | 0.154 *<br>(0.083) | − 0.194 **<br>(0.090) | 2.415<br>(2.122) | − 0.204 **<br>(0.098) | 2.599<br>(2.153) |
| $Debt$ | − 0.018<br>(0.023) | − 0.037<br>(0.028) | 2.265 ***<br>(0.704) | − 0.047<br>(0.032) | 2.172 ***<br>(0.686) |
| $TBQ$ | − 0.001<br>(0.001) | 0.001<br>(0.001) | − 0.070 **<br>(0.031) | 0.001 *<br>(0.001) | − 0.070 **<br>(0.032) |
| 常数项 | 0.379 ***<br>(0.120) | 0.269<br>(0.166) | 1.784<br>(3.682) | 0.196<br>(0.157) | 1.462<br>(3.643) |
| $R^2$ | 0.158 | 0.217 | | 0.099 | |
| N | 351 | 351 | 351 | 351 | 351 |

续表

| 变量 | M4 – 3 | M4 – 4 | M4 – 5 | M4 – 6 | M4 – 6 |
|---|---|---|---|---|---|
| | 实质控制权 | 创新投入 | 创新产出 | 创新投入 | 创新产出 |
| 年份固定效应 | Yes | Yes | Yes | Yes | Yes |
| 行业固定效应 | Yes | Yes | Yes | Yes | Yes |

注：* 、** 、*** 分别代表在 10% 、5% 、1% 的水平上显著。

### 3. Heckman 样本选择模型

投资企业与被投资企业的技术契合度也许会被一些特定原因所影响，导致样本非随机分布而呈现自选特征。为了解决检验可能存在的内生性问题，运用赫克曼（Heckman）样本选择模型进行处理（陈栋，2012）。从前文初创企业分布情况来看，互联网等高新技术产业得到的 CVC 投资较多，而 CVC 对高科技行业的初创企业投资更多，也就是说，CVC 的母公司和初创公司的产业特征会对技术契合度产生一定的影响。第一阶段设置的模型如下：

$$TEF = \alpha_0 + \alpha_1 Size_{u,t} + \alpha_2 Age_{u,t} + \alpha_3 Area_{u,t} + \alpha_4 Debt_{u,t} + \alpha_5 Profit_{u,t} +$$

$$\alpha_6 TBQ_{u,t} + \alpha_7 INDC_{u,t} + \alpha_8 INDE_{u,t} + \sum Year + \sum Industry + \varepsilon_{u,t}$$

$$(4-7)$$

其中，$TEF$ 是技术契合度虚拟变量，根据技术契合度的有无分布取值 1 或 0。$INDE$ 和 $INDC$ 分别是被投资企业与 CVC 母公司是否属于高新技术产业对应得到的虚拟变量，分别取值 1 或 0。另外，借鉴其他学者的研究（Bradley，2011；Ho and Peng，2016；Agrawal，2006），控制变量选取位置距离（$Area$）、财务杠杆（$Debt$）、公司规模（$Size$）、盈利能力（$Profit$）、公司年龄（$Age$）、增长机会（$TBQ$）这 6 个影响技术契合度的特征变量为控制变量。

同时测算出逆米尔斯系数（$IMR$）并将其作为控制变量进一步回归。回归结果如表 4 – 11 所示，各变量正负性和显著性不受 IMR 影响。列（1）验评技术契合度对研发投入强度的影响，在 10% 的显著性水平上系数为正，IMR 不显著，表明了回归的稳健性。列（2）检验技术契合度对专利申请量的影响，一次项大于 0，二次项小于 0，但都通过了显著性检验，且 IMR 在 10% 的水平上显著，说明 Heckman 两阶段模型检验在是相对有效的，检验后的结果更稳健。列（3）、列（4）、列（5）这三列检验控制权的中介效应，回归结果表明 CVC 拥有的创业企业控制权存在部分中介效用。

综上所述，将技术契合的自选问题纳入考量后，研究结果依然成立，说明了回归结果的稳健性。

表 4 - 11　　　　　　　　　　　Heckman 第二阶段回归

| 变量 | (1) | (2) | (3) | (4) | (5) |
|---|---|---|---|---|---|
| | 创新投入 | 创新产出 | 控制权 | 创新投入 | 创新产出 |
| $TF$ | 0.122 *<br>(0.065) | 1.142 *<br>(0.681) | 0.020 *<br>(0.012) | 0.122 *<br>(0.066) | 1.214 *<br>(0.680) |
| $TF^2$ | | -2.544 **<br>(1.241) | | | -2.670 **<br>(1.235) |
| $CR$ | | | | 0.070<br>(0.072) | 3.462 **<br>(1.700) |
| $Size$ | -0.009<br>(0.008) | -0.126<br>(0.186) | -0.006<br>(0.005) | -0.008<br>(0.008) | -0.129<br>(0.183) |
| $Age$ | 0.001<br>(0.001) | -0.003<br>(0.026) | 0.001<br>(0.001) | 0.001<br>(0.001) | -0.007<br>(0.025) |
| $Area$ | -0.010<br>(0.016) | -0.680 **<br>(0.333) | -0.014 *<br>(0.008) | -0.008<br>(0.015) | -0.647 **<br>(0.328) |
| $Profit$ | 0.278 **<br>(0.137) | 3.387<br>(2.224) | 0.048<br>(0.055) | -0.280 **<br>(0.137) | 2.953<br>(2.210) |
| $Debt$ | -0.094<br>(0.061) | 2.761 ***<br>(0.871) | 0.044 **<br>(0.018) | -0.097<br>(0.060) | 2.617 ***<br>(0.861) |
| $TBQ$ | -0.002<br>(0.003) | -0.042<br>(0.039) | $0.257 * 10 - 3$<br>(0.001) | -0.002<br>(0.002) | -0.051<br>(0.039) |
| 常数项 | 0.247<br>(0.158) | 2.342<br>(3.699) | 0.174 *<br>(0.101) | 0.227<br>(0.161) | 2.292<br>(3.644) |
| IMR | 0.037<br>(0.030) | -0.370 *<br>(0.340) | -0.010<br>(0.010) | 0.038<br>(0.030) | -0.301 *<br>(0.336) |
| $R^2$ | 0.224 | | 0.101 | 0.237 | |
| N | 405 | 405 | 405 | 405 | 405 |
| 年份固定效应 | Yes | Yes | Yes | Yes | Yes |
| 行业固定效应 | Yes | Yes | Yes | Yes | Yes |

注：* 、** 、*** 分别代表在 10% 、5% 、1% 的水平上显著。

# 4.4　研究结论

本章对初创公司从被投资企业与投资企业的战略互补视角出发，研究了技术契合度对创业企业创新的影响。除了对理论文献进行了研究总结，还探讨了技术契合度从两方面影响创业公司的创新的机理。

本章以 2009～2018 年在中小板和创业板 IPO 且上市三年内都得到 CVC 支持的 117 家企业构成的非平衡面板数据为基础，对技术契合度、控制权和创新绩效进行研究。研究从投入与产出两方面衡量初创公司的创新，使用随机效应模型，考察了 CVC 控制权在技术契合度对创新投入以及创新产出影响中的中介作用，得出下列结论。

（1）技术契合度显著促进了初创公司的研发投资，说明 CVC 与创业公司的战略匹配程度越高，投资规模越大。可能原因如下：首先，在战略有着较高的契合度时，投资企业出于战略目标，倾向于支持更多资金给初创公司；其次，CVC 将对初创公司的资金流水进行监管以保证初创公司将自己给予的投资用于创新投入，这能够使资金流向得到保障；最后，技术匹配的 CVC 母公司与初创企业进行了密切的沟通和交流，这使得初创公司时刻保持创新的紧迫感。

（2）投资方与被投资方的技术契合度与创新产出间呈倒 U 型关系。也就是说，当技术匹配程度没有达到阈值时，技术契合度越高，创新产出就越大；上升到阈值后，不仅不能起促进效果，反而起反作用。可能因为，CVC 母公司与创业企业的战略契合度在合理区间内，能够进行更好的知识交流，使得初创公司更好更快地将技能与知识掌握，进而应用于自身创新，从而增加创新产出。但是 CVC 母公司与创业企业的战略契合度超过阈值时，二者之间的信息资源交流反而受限，创新产出会因此减少。此外，CVC 母公司与创业企业的技术契合度越高，CVC 母公司与创业企业产品越相似，二者存在直接竞争，CVC 提供技术、管理、市场等资源时可能会有所保留，进而影响创业企业的创新产出。

技术契合度对 CVC 控制权的获得有显著促进作用。表明 CVC 母公司与创业企业的技术互补时，创业企业更愿意将控制权给予 CVC 母公司以期达成合作，这样也更能从投资方那里获得资金和各种行业资源。

CVC 控制权与研发投资强度正相关，尽管这一结论不显著；而 CVC 所获得的公司控制权与其创新产出显著正相关。CVC 母公司派往总部的员工参与公司的重要决策，为初创企业的技术革新提供智力支撑。

CVC 控制权在技术契合度对研发投入强度的影响中起部分中介作用，也就是说，技术契合度影响研发投入时，部分影响作用是经由 CVC 控制权达成。提高双方的技术契合程度帮助 CVC 掌握被投资公司的控制权，创业企业董事会席位和监事会席位使得 CVC 母公司在创业企业重大决策时有话语权，在 CVC 母公司战略目标驱动下，它们会积极推动创业企业将资金投入创新项目。CVC 控制权在技术契合度对创新产出的作用中起部分中介作用，也就是说，技术契合度影响创新产出时，部分影响作用是经由 CVC 控制权达成。控制权的掌握常以占据董事会与监事会席位以及派驻高管等方式实现。CVC 所取得的控制权既能对初创公司进行监管，又能激发其对新公司战略计划的积极支持。创新产出是指将技术知识转化为以专业化的管理和前沿技术为基础的创新产品，投资方派遣高管到初创公司，成为 CVC 母公司与初创企业之间的桥梁，使两者之间的联系更加紧密，技术匹配对创新产出的促进作用也更加突出。

# 第5章 双边技术契合与公司创业投资生态链企业技术创新绩效

本章选取 2009 年起共十年中小板和创业板上市公司的年度数据，实证分析双边技术契合水平对 CVC 生态链上下游以及整体被投资企业的创新绩效产生的不同的影响，研究了信任水平和关系专用资产两大关键因素发挥的调节作用。结论如下：双边技术契合水平对于创新投入表现为 U 型相关，对于创新产出有促进作用，且对处于 CVC 生态链下游的企业促进作用更加明显。信任水平通过了调节效应检验。信任水平存在一个阈值，当小于这一阈值时发挥的是促进作用，当大于这一阈值时发挥的是抑制作用。关系专用资产同样通过了调节效应检验，其作用是加强双边技术契合水平，对于创新投入表现为 U 型相关。

## 5.1 理论分析与研究假设

### 5.1.1 双边技术契合水平对 CVC 生态链上下游被投资企业创新绩效的差异化影响

CVC 关注的重点之一是初创公司与 CVC 母公司的策略和技术的匹配程度（Chesbrough，2002），CVC 母公司和被投公司的策略目的是否相同，两者技术是否相近，将会影响到 CVC 母公司所提供的互补资源能否更有效发挥作用，也会影响到创业企业能否更有效吸纳提供到的资产资源（Ivanov et al.，2010）。同时不同生态链上的创业公司因各自特性而对创新绩效造成不同程度的影响。一般从以下四个方面来对 CVC 生态链企业的创新绩效造成影响。

（1）关系观理论（relational view）认为，一个公司要想保持可持续的竞争优势，需要通过与具有互补资源的公司之间的合作来跨越组织边界，并与其形成良好的合作关系。CVC 的一个投资目的就是与外部优势互补的资源与能力进行有效的集成，并将其转换为自身的创新业绩。CVC 母公司可以给创业企业一些特殊的技术和知识，如果 CVC 的母公司和被投公司的技术匹配度较高，就可以让创业企业获得更多的技术，而且，母公司对创业企业的创新知识也会有更多的理解，这对于 CVC 的创新来说，是非常有利的（Chemmanur et al.，2011）。技术匹配对 CVC 公司之间发展创新、资源共享都是有利的（Mowery et al.，1998），如果母公司和创业企业之间存在着巨大的技术差距，那么对于技术的运用和对知识的理解就会出现不足，这就会妨碍到母公司和创业企业之间资源的高效利用（Victor et al.，2008），也就是说，两者间的技术接近性对其发展创新起着至关重要的作用（Cantner et al.，2006）。因此，母公司更倾向于选择与其匹配度更高的创业企业，双边技术契合水平对形成协同效应起到决定性作用。

（2）CVC 母公司对处在其生态链中较低位置的创业企业进行投资，因为创业企业在下游与其顾客进行更多的沟通能够获得更多支持母公司的信息（张琼，2012），而母公司同样会为创业企业提供相应的发展支持，这让创业企业能够更好地掌握自己的创新发展趋势，从而减少研发的费用，推动创新发展（Chemmanur et al.，2011）。所谓的契合不仅包含战略，还包含产品等方面，关系专用资产也是基于这些方面来影响双方创新成果（陈国权和刘薇，2017），由此带来沉没成本逐步累积，从而对双方发展更加长期的合作关系起到了很大的推动作用（Sandy et al.，2002）。创业企业拥有较好的创新环境，有利于提高其创新绩效（IShii，2004）。母公司能够提供各种技术、资源，减少往来费用，从而可以对创业企业的创新绩效进行有效提升。

（3）当生态链中较高位置的创业企业被投资时，那么它们的创新幅度是固定的，相对只有下游创业企业来说，上游创业企业的创新效益更佳（刘志迎和李芹芹，2012）。同时下游母公司会因此获利，提高了自身的收益，该收益的提高大于创业公司收益的提高（Maiti and Giri，2015）。而双边技术契合水平的提高让下游母公司能够更有效地吸取创业企业的技术和知识，从而对创业企业的权益造成了损失（刘志迎和李芹芹，2012），但是个体的最优决策未必就是整个生态链的最优决策（马朝良，2019），个体利益对双方之间的资源共享、信任共赢、创新发展造成了损害（李凯等，2019）。因此，双边技术契合水平对处于不同位置的两类企业产生的影响明显不同，创业公司处于母公司下游情况更有利。

（4）现有的研究表明，如果契合水平太高，还会造成知识的冗余，从而对企业的创新绩效造成负面的影响（Gary and Dovev，2010），技术与知识的过分重合将使公司的独占程度下降。CVC 母公司向创业企业所提供的互补的资源的确可以使被投资公司更高效、更精确地掌握技术，但是这也不利于其在其他环境市场中得到相关资源（Park and Steensma，2012）。在技术和知识上，母公司与创业企业之间存在着太多的重叠，会导致它们之间可以交流的信息变得越来越少，创新绩效的发展因独立性的降低而困难重重（Gautam and Riitta，2001）。因此资源的提供更应具有针对性，避免技术和知识过于重叠，造成大量的资源浪费。因此，CVC 母公司和创业企业之间的技术匹配程度与创业企业的创新结果之间呈现先正向后负向的表现（Christiana and Barbara，2005）。综上所述，提出以下研究假设。

H5 - 1：双边技术契合水平能够提升 CVC 生态链创新绩效。

H5 - 2：双边技术契合水平对处于 CVC 生态链不同位置的企业产生的影响不同，处于母公司下游的创业企业对创新绩效提升更有利。

H5 - 3：双边技术契合水平与 CVC 生态链创新绩效呈现先正向后负向的表现。

### 5.1.2　信任水平对双边技术契合水平与 CVC 生态链整体企业创新绩效的调节效应

信任在组织关系研究中是最热点的研究方向（Jeffrey and Petra，1998），信任存在很多非预定义的价值，这些价值在正规契约中是无法达到的。信任发挥的调节作用可以包括如下四个方面。

（1）最前沿的技术知识更多属于隐性知识，信任是获取这类知识的主要方式（曹春方等，2015）。双边技术契合水平是反映二者互补性的重要指标，对 CVC 生态链的创新绩效产生明显的影响，且与被投企业之间的信任水平密切相关。技术和知识分享通常是在邻近的机构中进行的（蔡铂等，2006），在信任的状态下，两个组织之间对于新技术新知识的吸收效率更高（Nora et al.，2019）。CVC 双方建立一种互信关系，能够促进双方的知识和技术的分享（Dyer and Nobeok，2000），提高合作双方的知识化进程（Helena et al.，2001），对建立长期的伙伴关系有积极作用（Bart，2000）。

（2）信任在组织关系中发挥着不可或缺的作用（任丽丽，2009），不可否认，共享信息和知识存在着一定的风险，同时，CVC 双方也会因信息不对称而产生各种各样的问题。因此，CVC 双方之间建立起良好的信任关系是二者持续高效发展的必要条件，这种信任不仅可以促进知识资源的共享，也可以减少彼此间的往来费用，从而对 CVC 生态链的创业企业的创新能力和创新绩效产生影响（黄中伟和王宇露，2008）。在这种情况下，由于双边技术契合水平比较高而导致的创新绩效有所提高，母公司与创业企业的互信程度进一步提高，从而促进了合作双方关系嵌入和专用性资产投资增加（Dyer，1998），促进知识与技术等隐性知识的转化（Longwei et al.，2011）。除此之外，信任能够使创业企业更好地接纳母公司提供的各种隐性知识，及时吸收并运用于自身实践的理论支撑，以此来发展创新水平（王永贵和刘菲，2019）。在建立信任的过程中，有利于缩减关系对应的维持费用，同时也使不必要的冲突有效控制，协调成本一定程度上减少（Laura et al.，2016），从而促进了公司创新的发展。

（3）信任可以提高母公司与创业企业之间的容忍度和妥协水平，减少不和谐，并允许对方安排职员占据着对方公司重要的位置，在面对含糊不清的情况时，由于信任通常会做出同时考虑双方利益的说明（Doz，1996），促进双方高效完成共同项目（Parkhe，1998），如果母公司在技术上和策略上都与创业企业相匹配，那么，母公司就可以利用派遣员工的方式，将技术知识、管理经验等资源迅速地传递到创业企业，从而加快信息的流动，推动双方创新成果的提升。信任也能增加双方在决策过程中的自主性。在市场环境发生改变的时候，母公司和创业企业都要经过谈判来做出共同的决定，这个过程既麻烦又耗时，而且很可能会错失一个好的市场机遇，但是，在一个动态的环境中，有了信任，就可以促使合作双方都能接纳彼此的灵活的决定，从而把握好一个决定的最好的时机（Poppo and Zenger，2002）。在长远的战略上，母公司和创业企业是一致的，但是，在短期内发生冲突的时候，信任可以起到一种润滑的效果，这就让母公司和创业企业都可以灵活地对市场的影响做出反应，从而发挥其正向调节效应。

（4）如果母公司与 CVC 生态链企业的过分信赖，则会影响到双边技术契合水平对创业企业的创新绩效。过分的信赖使得母公司对 CVC 生态链企业的监管变得松懈，从而引发机会主义行为（Sanjay et al.，2005），比如，为了实现自己的最大利益，采用欺诈等方式，隐藏自己的技术和知识信息，从而损害了双边技术契合水平所产生的红利，不利于创新活动，也不利于提高创新绩效。机会主义行为还会使母公司在应对消极效应时产生的无谓的资源投资变得更多（Veronica et al.，2019），因此，有可能会导致母公司对创业企业的投入减少，进而影响创业企业的自主创新行为。过分的信任会造成母公司与 CVC 生态链企业之间所转让的知识资源的不当使用，从而削弱对知识资源的高效利用能力（Sanjay et al., 2005），而无效的技术知识又是制约企业自主创新的重要因素。过分的信任会造成公司间为了保持良好的合作关系而进行过多的资源投资（Veronica et al., 2019），造成创业企业对其研发活动的过度依赖，使得创业企业无法获得更多的内部资源。所以，过度信任会抑制之前产生积极影响。综上所述，提出以下研究假设。

H5 - 4：信任一定程度上加强了双边技术契合水平，促进 CVC 生态链整体创新绩效的能力。

H5 - 5：若信任超过某一阈值，反而会抑制双边技术契合水平促进 CVC 生态链创新绩效的能力。

### 5.1.3　关系专用资产对双边技术契合水平与 CVC 生态链整体企业创新绩效的调节效应

关系专用资产是一种基于特殊关系的持久性投资，具有转换成公司能力的潜力，然而，当关系专用资产的投入不断提高时，其对 CVC 创业企业的创新绩效会产生一定的负面影响。而且，因为关系专用资产的锁定效果，如果一个创业企业被一个陈旧的、落后的制度所束缚，那么就会失去效率。路径依赖，使其在市场上失败，进而妨碍创新发展。关系资产发挥的调节作用通过以下机制进行。

（1）一般来说，关系专用资产属于双方合作成本的一部分（Schmitz et al., 2016），当交易结束之后，就很可能会产生一种沉没成本，对公司造成一定的亏损，从而减少双边技术契合水平对于双方企业发挥的优势，包括减少合作费、保证双方资源互补的优势。而出于对这一成本的考虑，母公司倾向于严格审查该公司创新方案，这在一定程度上限制了该公司自身的发展（贾军，2021）。因此，对关系专用资产的投资，不论企业双方能否成功合作，都会让创业企业的创新策略受到限制，创新行为受制于人，进而影响到创新能力。

关系专用资产的转化费用较高，因此，母公司往往采用正式契约进行风险规避（Zhao and Wang, 2011），并且，随着对关系专用资产投资的增加，契约的复杂性也会随之增加。在母公司与创业企业进行合作的时候，越是注重契约的条款和规则，越容易陷于显性知识层面的合作，更重要的隐性知识越容易被遗漏，不利于两公司有效的技术知识传递。而这种情况下，因为母公司与创业企业的技术匹配而产生的技术知识转移就变得更加关键，如果母公司与创业企业的技术匹配程度比较高，那么就可以实现资源的高效互补，从而推动两公司间的协同合作，进而推动创新发展（Chemmanur et al.，2011）。此外，CVC 的任何一方如果过于注重契约条款和规则，必然会对二者资源的互助产生不利的影响，从而不利于 CVC 生态链更好地展开创新。

（2）当关系资产的投资水平较高时，母公司的话语权就会急剧增加，创业公司对于这些声音，一般情况下，都会提前并集中力量应对（王国才等，2012）。这种情况下，容易造成创业企业以母公司意见为重点，将自身原有研发计划滞后或改变、放弃，不利于创新战略的实现（徐晨阳，2018）。而且，在这种情况下，双边技术契合水平对于创业企业所产生的互补性的资源和知识技术所产生的好处将会被削弱，尤其是在创业企业已经取得了新的技术知识并尝试在已有的产品上做出重大创新的时候，母公司愿意提供的帮助可能会减少。所以，可以说，关系专用资产逐步增加可能对被投资企业的战略发展方向产生不利的影响，使资源分配方式难以实现最大效益（吴祖光等，2017），使创业企业在进行自主创新时，很难有效地发挥自身的优势，从而影响到创业企业的自主创新能力。

（3）在初始阶段，在关系专用资产的投资过程中，能够增加创业企业对母公司的黏合度、减少二者间的管理费用，从而减小母公司与创业企业之间的冲突。同时，母公司也愿意为创业企业提供更多的资源，这样，创业企业就会有更多的资金投入研发创新中，从而提高创业企业的创新投入意愿和能力。但是，这种好处是有限的。关系专用资产对 CVC 的创新业绩产生的最大的消极作用就是由公司的交易网络的闭合以及由锁定效应引起的机会主义行为的增多（曾德明等，2016）。由于关系专用资产的不断增加，创业公司对母公司意见过于重视，它们的研发创新主要是为了满足母公司的需要，这更容易引发母公司关注自身利益带来的投机行为（Voss et al.，2008），同时造成创业企业将重心放在维系组织间关系上，而不是放在对市场的察觉上，从而妨碍创新。此外，CVC 创业企业的业务规模在不断扩大的情况下也在不断缩小，很大程度上加剧了母公司剽窃相关技术的概率（Hillman et al.，20019），从而抑制 CVC 公司创新业绩的提升；同时还会使创业企业由于机会成本的上升，导致其讨价还价的力量下降（陈峻等，2015），有可能导致被投资企业失去其市场竞争力。这些不利因素造成了创业企业的自主创新能力丧失，进而造成了 CVC 生态链中企业的自主创新能力丧失。可以说，关系专用资产逐步增加，会对两企业之间的知识资源交互产生不利的影响，从而制约被投资企业的创新视角（Manu and Sriram，2004），同时，也会对技术知识的盲目采用与滥用和因双边技术契合水平太高而导致知识的冗余性与噪声，从而对创新绩效造成不利的影响。以上分析进一步强化了双边技术契合水平与 CVC 生态链中企业创新绩效之间的一个先正向后负向的关系。综上所述，提出以下研究假设。

H5 - 6：关系专用资产的增加抑制了双边技术契合水平对 CVC 生态链创业企业创新绩效的促进作用。

H5 - 7：关系专用资产的增加导致了双边技术契合水平对 CVC 生态链创业企业创新绩效的先正向后负向的作用。

## 5.2 实 证 研 究

### 5.2.1 样本选择与数据来源

本书所选用的 CVC 创业企业是 2009 ~ 2017 年中小板、创业板上市公司。依据董静等（2018）的做法，如果某个上市公司的十大股东中有股东主营业务不是风险投资，则该股东公司为 CVC 母公司。为方便测量，本书对被投资企业的 CVC 母公司仅选择一家作为样本，如果存在多家满足条件的情况，就选择其中持股比例最大的公司，若持股比例相同则选择更早持股的公司作为样本，若持股时间相同就选择投资金额更大的公司作为样本。在搜集资料及甄别样品时，将经过 ST 处理或在研究期间缺少有关资料的样本剔除。为了考察 CVC 生态链公司的异质性对其创新行为的作用，按照波尔等人（Pol et al.，2013）的方法，本书通过计算行业的产品到最后被消费的加权平均"距离"来表示该行业处于生态链什么位置，将样本公司分成上游、下游、全体三类，并进行了分类分析。样本来源于国家知识产权局、CSMAR 数据库等。

### 5.2.2 变量定义

#### 1. 被解释变量——创新绩效（*Innovation*）

有学者从创新投入和创新产出的角度出发，对企业的创新绩效进行度量，分别选择研发投入密度和专利授权数来表示企业创新绩效。也有学者从企业专利申请情况来表示企业创新绩效（邹双和成力为，2017）。结合已有做法，本书选择创新投入和创新产出作为被解释变量的指标，分别用研发投入/营业收入（R&D）和专利申请量（Patent）来表示。

## 2. 解释变量——技术契合度（technology fit，TF）

投资企业与被投资企业在主营业务方面具有相同的资源和技术知识，可以被视为技术上的契合。综合凯马努尔等（2011）和格鲁伦等（2006）的研究，本书采用 SIC（标准产业分类）代码评估 CVC 母公司与创业企业间的关系，使用行业接近性作为测度 CVC 母公司与被投资企业间技术契合的指标，以 3 位行业代码间的一致性程度计算 CVC 母公司与创业企业间的技术契合度，若第一位代码不同，则技术契合度为 0，否则，代码每相同一位则技术契合度增加 1/3。

### 3. 调节变量

信任水平（*trust*）相关研究主要通过问卷调查的方式来测度这一指标（王永贵等，2019），本书创新性地运用已有数据来测度该指标。数据来源于《中国分省企业经营环境指数年报告》测算的分地区信任指数。

关系专用资产（*RSA*）。相关研究主要通过问卷调查的方式来测度这一指标。然而，问卷调查的设计和作答都受人的主观影响，很容易带来测量偏差，因此，应该以客观的数据为基础来测量关系专用资产。本书参考于茂荐（2014）的做法，利用 CVC 生态链公司年度报告中排名靠前的 5 位大顾客的销售总额所占的比例作为关系专用资产的代表。

### 4. 控制变量

剔除其他变量对模型效果的干扰，本书参考斯戴芬等人（Stephen et al.，2006）和凯马努尔等（2011），选择企业规模（*Size*）、企业年龄（*Age*）、位置距离（*Distance*）、财务杠杆（*Lev*）和营业收入增长率（*Growth*）作为控制变量，同时控制年份（*Year*）和行业（*Industry*）。见表 5 - 1。

表 5 - 1　　　　　　　　　　　　　　　　变量情况

| 变量类型 | 变量名称 | 含义 | 符号 | 数据来源 |
|---|---|---|---|---|
| 自变量 | 双边技术契合水平 | 以 SIC 的 3 位行业代码间的一致性程度计算 CVC 母公司与创业企业间的技术契合度 | *TF* | 《上市公司行业分类指引》 |
| 因变量 | 创新投入 | 研发投入/营业收入 | *R&D* | 公司年报、CSMAR 数据库 |
| | 创新产出 | 专利申请量 | *Patent* | |

续表

| 变量类型 | 变量名称 | 含义 | 符号 | 数据来源 |
|---|---|---|---|---|
| 调节变量 | 信任水平 | 分地区的信任指数 | *Trust* | 《中国分省企业经营环境指数年报告》、公司年报 |
| | 关系专用资产 | 排名靠前的 5 位大顾客的销售总额所占的比例 | *RSA* | |
| 控制变量 | 企业规模 | Ln 年末总资产（万元） | *Size* | CSMAR 数据库 |
| | 企业年龄 | 企业成立年份到研究年份的时间长度 | *Age* | |
| | 位置距离 | 两公司在同一省份或直辖市时则为 1，否则为 0 | *Distance* | |
| | 财务杠杆 | 负债总额/资产总额 | *Lev* | |
| | 营业收入增长率 | 本年营业收入增加额/上年营业收入总额 | *Growth* | |

## 5.2.3　模型设定与研究方法选取

### 1. 参数估计方法

本书选择负二项回归模型实证探究双边技术契合水平与被解释变量专利申请数的关系，同时选择随机效应模型实证探究双边技术契合水平与被解释变量研发投入密度的关系，还使用了多层线性（HLM）模型检验信任水平和关系专用资产在其中发挥的调节作用。研究也对实证结果进行了稳健性检验，保证结论的有效性。

### 2. 主回归模型

通过模型（5 - 1）和模型（5 - 2）实证检验研究假设 H5 - 1、研究假设 H5 - 2 和研究假设 H5 - 3 是否成立。

$$Innovation_{u,t} = \alpha_0 + \alpha_1 TF_{u,t} + \alpha_2 Size_{u,t} + \alpha_3 Leverage_{u,t} + \alpha_4 Growth_{u,t} +$$
$$\alpha_5 Distance_{u,t} + \alpha_6 Age_{u,t} + \sum Year + \sum Industry + \varepsilon_{u,t}$$
$$(5-1)$$

$$Innovation_{u,t} = \alpha_0 + \alpha_1 TF_{u,t} + \alpha_2 TF_{u,t}^2 + \alpha_3 Size_{u,t} + \alpha_4 Leverage_{u,t} +$$
$$\alpha_5 Growth_{u,t} + \alpha_6 Distance_{u,t} + \alpha_7 Age_{u,t} + \sum Year +$$
$$\sum Industry + \varepsilon_{u,t}$$
$$(5-2)$$

其中，*Innovation* 为被解释变量创新投入（*R&D*）和创新（*Patent*）。*TF* 为解释变量双边技术契合水平（*TF*）。其余变量皆为控制变量，*u* 为企业个体，*t* 为时间，*ε* 为随机误差。

3. 调节效应模型

调节效应模型选用董维维等（2012）使用的 HLM 模型来检验信任水平、关系专用资产发挥的调节作用分别对应研究假设 H5 - 4 和研究假设 H5 - 5、研究假设 H5 - 6 和研究假设 H5 - 7，回归方程为式（5 - 3）至式（5 - 7）。其中，*Innovation* 为被解释变量创新投入（*R&D*）和创新（*Patent*），*X* 为解释变量双边技术契合水平（*TF*），*U* 为信任水平（*Trust*）和关系专用资产（*RSA*）的调节变量，*Control* 为控制变量。回归方程式（5 - 3）至式（5 - 6）用于验证研究假设 H5 - 4 和研究假设 H5 - 5，回归方程式（5 - 3）至式（5 - 5）和式（5 - 7）用于验证研究假设 H5 - 6 和研究假设 H5 - 7。

$$Innovation = \mu + \mu X + + \mu Control + \varepsilon \qquad (5-3)$$

$$Innovation = \mu + \mu X + \mu U + \mu Control + \varepsilon \qquad (5-4)$$

$$Innovation = \mu + \mu X + \mu U + \mu X \cdot U + \mu Control + \varepsilon \qquad (5-5)$$

$$Innovation = \mu + \mu X + \mu U + \mu X \cdot U + \mu X \cdot U_2 + \mu Control + \varepsilon \qquad (5-6)$$

$$Innovation = \mu + \mu X + \mu U + \mu X \cdot U + \mu X_2 \cdot U + \mu Control + \varepsilon \qquad (5-7)$$

## 5.3　实证结果与分析

### 5.3.1　描述性统计

1. 样本分布

按照行业分类国家标准，列出样本分布的行业排名前 10 名，从图 5 - 1 可以看出，CVC 在计算机、通信和其他电子设备制造业中最为活跃，占 17%，其次是软件和信息技术服务与专用设备制造业和电气机械、器材制造业，占 15% 和 11%，合计为 43%，这意味着 CVC 在投资行业上呈现出了显著的集中特征，在计算机、通信、其他电子设备制造业上的投资活动更多。

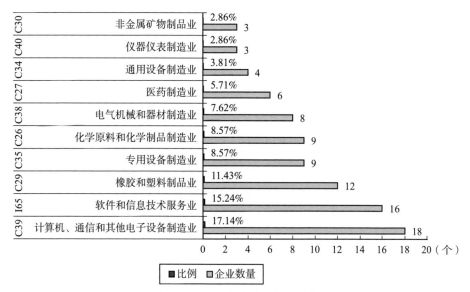

**图 5 - 1  CVC 样本企业行业分布**

从图 5 - 2 可以看出，CVC 的分布区域主要在珠三角地区，以广东为核心。长三角地区以浙江和江苏为核心。可以看出，CVC 的活跃度与区域的经济水平呈显著的正相关关系。

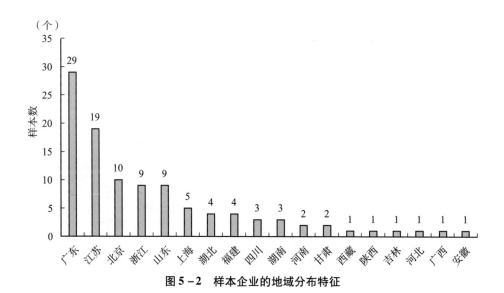

**图 5 - 2  样本企业的地域分布特征**

### 2. 变量描述性统计

本研究采用描述性的统计方法对有关的变项进行分析，结果见表 5 - 2。在全部样本中，研发投入强度（*R&D*）最大值为 28.55%，最小值为 0.22%，标准差为 0.0341；申请专利（*Patent*）最大值为 305，最小值为 0，标准差为 43.3420，可见，样本公司这两个指标有较大异质性，并且创新存在着不同程度的差异。CVC 与被投企业技术契合水平（*TF*）平均值仅 0.2680，说明两者技术匹配程度不高。关系专用资产和（*RSA*）的平均数是 32.89%，介于 6.03% 与 92.04% 之间。信任水平（*Trust*）平均值为 3.1784，相对不错。

创业企业规模（*Size*）最大值为 24.21，最小值为 18.50，均值为 21.21，所以规模相近。企业年龄（*Age*）标准偏差为 2.83，且各公司的创立年限有很大的差别。地理接近性（*Distance*）表现出较低的状态，均值为 0.38。资产负债率（*Leverage*）最大值为 0.78，最小值为 0.007，均值达 33.16%。营业收入增长率（*Growth*）最大值为 2.68，最小值为 - 0.8136，平均值为 13.34%，盈利表现处于正常范围内。

表 5 - 2　　　　　　　　　　　　描述性统计结果

| 变量 | 均值 | 最大值 | 最小值 | 标准差 |
|------|------|--------|--------|--------|
| *Age* | 2.94 | 11 | 0 | 2.83 |
| *Distance* | 0.38 | 1 | 0 | 0.49 |
| *Growth* | 0.13 | 2.68 | - 0.81 | 0.32 |
| *Leverage* | 0.33 | 0.78 | 0.01 | 0.17 |
| *Patent* | 26.83 | 305 | 0 | 44.34 |
| *R&D* | 0.05 | 0.29 | 0 | 0.03 |
| *RSA* | 0.33 | 0.92 | 0.06 | 0.18 |
| *Size* | 21.21 | 24.21 | 18.5 | 0.81 |
| *TF* | 0.27 | 1 | 0 | 0.31 |
| *Trust* | 3.18 | 3.42 | 2.76 | 0.13 |

## 5.3.2　相关性分析

相关性分析结果显示在表 5 - 3 中。从整体上来看，变量间相关系数在 [ -0.310，0.344] 区间发生改变，存在严重共线性的可能较小。企业规模与企业年龄之间的相关系数为 0.579，需用方差膨胀因子（VIF）验证是否存在多重共线性。

表 5 - 3　　　　　　　　　　　　相关系数分析

| 变量 | Patent | R&D | TF | RSA | Trust | Size | Age | Distance | Leverage | Growth |
|---|---|---|---|---|---|---|---|---|---|---|
| Patent | 1.000 | 0.196 | 0.094 | -0.299 | 0.250 | 0.202 | 0.141 | -0.043 | 0.210 | -0.011 |
| R&D | | 1.000 | 0.143 | -0.109 | -0.019 | 0.008 | -0.005 | -0.121 | -0.024 | -0.100 |
| TF | | | 1.000 | 0.012 | 0.050 | 0.023 | 0.150 | -0.028 | -0.051 | -0.004 |
| RSA | | | | 1.000 | -0.110 | -0.310 | -0.136 | 0.039 | -0.130 | -0.013 |
| Trust | | | | | 1.000 | 0.238 | 0.344 | -0.263 | 0.155 | 0.003 |
| Size | | | | | | 1.000 | 0.579 | -0.144 | 0.174 | 0.141 |
| Age | | | | | | | 1.000 | -0.046 | -0.014 | 0.094 |
| Distance | | | | | | | | 1.000 | -0.005 | 0.007 |
| Leverage | | | | | | | | | 1.000 | -0.159 |
| Growth | | | | | | | | | | 1.000 |

## 5.3.3　多重共线性分析

研究使用 VIF 来判断各变量的多重共线性，结果见表 5 - 4。当 VIF < 10 时方可判断不存在多重共线性。各变量容差 > 0.1，VIF < 1，说明没有多重共线性。研究将技术契合度的平方项加入技术契合度与创新绩效的模型，同时做了去中心化处理。

表 5 – 4                                多重共线性检验结果

| 变量 | 创新产出 | | 创新投入 | |
|---|---|---|---|---|
| | VIF | 容差 | VIF | 容差 |
| *Age* | 1.6 | 0.63 | 1.6 | 0.63 |
| *Distance* | 1.09 | 0.92 | 1.09 | 0.92 |
| *Growth* | 1.02 | 0.98 | 1.02 | 0.98 |
| *Leverage* | 1.15 | 0.87 | 1.15 | 0.87 |
| *RSA* | 1.17 | 0.86 | 1.17 | 0.86 |
| *Size* | 1.84 | 0.54 | 1.84 | 0.54 |
| *TF* | 1.03 | 0.97 | 1.03 | 0.97 |
| *Trust* | 1.18 | 0.85 | 1.18 | 0.85 |

## 5.3.4　回归结果分析

### 1. 主回归效应分析

假设 H5 – 1、假设 H5 – 2 的检验结果如表 5 – 5 所示，分别对整体样本（Panel C）、上游样本（Panel A）、下游样本（Panel B）进行回归。对于整体样本而言，双边技术契合水平对初创企业创新投入和创新产出均有着显著促进作用，假设 H5 – 1 成立。对于处于生态链上游的样本而言，双边技术契合水平对初创企业的创新投入有显著促进作用，但对创新产出的影响并不显著。对于处于生态链下游的样本而言，双边技术契合水平对初创企业创新投入和创新产出均有着显著促进作用，并且从系数来看，处于生态链下游的样本 TF 系数大于处于生态链上游的样本 TF 系数，存在一定可能假设 H5 – 2 成立，可以通过似无相关模型进行组间系数差异检验验证（连玉君等，2017）。

结果如表 5 – 6 所示。在表 5 – 5 中的模型 M5 – 1 的 SUR 回归中，上游组和下游组间双边技术契合水平对创新投入（R&D）的 P 值为 0.602，对创新产出（*Patent*）的 P 值为 0.002，表明上游组和下游组的双边技术契合水平在对创新投入（R&D）方面不存在差异化影响，但在创新产出（*Patent*）方面存在组间差异，通过了组间系数差异检验，因此可以说，处于下游的创业企业比处于上游的创业企业，双边技术契合水平对其创新投入的影响更大，假设 H5 – 2 成立。

表5-5

**基准回归结果**

| 变量 | Panel C M5-1 创新投入 | Panel C M5-1 创新产出 | Panel C M5-2 创新投入 | Panel C M5-2 创新产出 | Panel B M5-1 创新投入 | Panel B M5-1 创新产出 | Panel B M5-2 创新投入 | Panel B M5-2 创新产出 | Panel A M5-1 创新投入 | Panel A M5-1 创新产出 | Panel A M5-2 创新投入 | Panel A M5-2 创新产出 |
|---|---|---|---|---|---|---|---|---|---|---|---|---|
| $TF$ | 0.2090*** (2.76) | 3.2760* (1.68) | -0.0790** (-2.07) | -0.396 (-0.50) | 0.2400* (1.7) | 7.6560*** (4.09) | -0.08 (-1.39) | -0.346 (-0.31) | 0.2090* (1.78) | 0.322 (0.15) | -0.048 (-0.79) | 0.858 (0.72) |
| $TF^2$ | | | 0.1340*** (2.69) | 0.761 (0.72) | | | 0.1310* (1.82) | 1.413 (0.99) | | | 0.108 (1.39) | -2.3700* (-1.66) |
| $Size$ | -0.004 (-1.58) | 0.122 (0.97) | -0.002 (-1.03) | 0.2400** (1.97) | -0.004 (-1.29) | 0.012 (0.1) | -0.001 (-0.50) | 0.204 (1.53) | -0.0070** (-1.98) | 1.2990*** (4.87) | -0.005 (-1.61) | 0.8960*** (3.25) |
| $Area$ | 0.006 (0.75) | -0.284 (-1.47) | -0.007 (-1.02) | -0.18 (-1.21) | 0.004 (0.2) | -0.106 (-0.45) | -0.007 (-0.62) | -0.4030** (-1.98) | 0.017 (1.27) | -0.255 (-0.89) | -0.008 (-0.77) | 0.072 (0.32) |
| $Age$ | 0.005 (0.22) | -0.829 (-0.57) | 0.0001 (0.04) | 0.049 (1.44) | 0.011 (0.36) | -0.091 (-0.07) | 0.001 (0.45) | 0.0860** (2.29) | -0.01 (-0.34) | 2.4790* (1.74) | 0.005 (0.56) | -0.1540** (-2.25) |
| $Leverage$ | 0.008 (0.78) | 0.734 (1.32) | 0.007 (0.74) | 0.9410* (1.82) | 0.014 (0.99) | 0.653 (1.26) | 0.012 (0.92) | 0.947 (1.61) | -0.092 (-0.58) | -3.6600*** (-3.14) | 0.005 (0.42) | -0.813 (-0.82) |
| $Growth$ | -0.1010*** (-3.85) | 0.252 (1.03) | -0.0080*** (-3.19) | 0.335 (1.37) | -0.0110*** (-3.11) | 0.381 (1.51) | -0.0080** (-2.39) | 0.6510** (2.04) | -0.007 (-1.62) | 0.166 (0.4) | -0.009*** (-2.60) | -0.175 (-0.47) |
| $year$ | Y | Y | Y | Y | Y | Y | Y | Y | Y | Y | Y | Y |
| $industry$ | Y | Y | Y | Y | Y | Y | Y | Y | Y | Y | Y | Y |
| $R^2$ | 0.2674 | | 0.1311 | | 0.2651 | | 0.1167 | | 0.381 | | 0.204 | |
| 样本数 | 306 | 306 | 306 | 306 | 186 | 186 | 186 | 186 | 120 | 120 | 120 | 120 |

注：*、**、***分别代表在10%、5%、1%的水平上显著，括号内为Z值。

表 5 - 6　　　　　　　　　　　　　组间系数差异检验

| 变量 | 创新产出 | 创新投入 |
|---|---|---|
| | P 值 | P 值 |
| *TF* | 0.002 | 0.602 |

按照上文检验步骤，继续对假设 H5 - 3 进行检验，结果表明：在 CVC 母公司处于上游（PanelA）的情况下，双边技术契合水平与被投上市公司的创新专利产出（Patent）呈现出倒 U 型趋势，而双边技术契合水平则与被投上市公司整体的创新研发投入（R&D）呈 U 型趋势，这与假设 H5 - 3 不一致。

在大部分关于 U 型关系的实证研究中，一般都会将非线性（一般为二次型）项添加到标准线性回归模型中，变量间是否具有 U 型关系通过判断非线性项的显著性和极值点的表现来确定。但乔等人（2010）指出，这种方法说服力不足。若画图呈单调的凸曲线时，可能会产生误判，误判出本不存在的极点以及错误的 U 型关系，因此一般会考虑使用 Utest 进一步检验 U 型关系是否正确。

双边技术契合水平与创新投入（R&D）检验结果如表 5 - 7 所示，极值点为 0.2966，属于 0 到 1 之间，且 P 值为 0.02 和 0.00，在 95% 置信区间上显著，因此具有一定说服力可以认为双边技术契合水平与 R&D 存在 U 型关系。

表 5 - 7　　　　双边技术契合水平与创新投入（*R&D*）U 型关系的检验

U 型检验：H1：U 型　　vs. H0：单调型或倒 U 型

| 极值点 | 0.2966 | |
|---|---|---|
| | 上限 | 下限 |
| 区间 | 1 | 0 |
| 斜率 | 0.19 *** | - 0.08 ** |
| t 值 | 2.95 | - 2.07 |
| P 值 | 0.00 | 0.02 |

注：** 、*** 分别代表在 5% 、1% 的水平上显著。

双边技术契合水平与创新产出（Patent）检验结果如表 5 - 8 所示，极值点为 0.1807，虽然在 0 到 1 之间，但左侧的斜率 P 值为 0.24，未通过显著性检验，因此不能说明双边技术契合水平与 Patent 存在倒 U 型关系。

表 5 - 8　双边技术契合水平与上游创业企业创新产出（*Patent*）U 型关系的检验

U 型检验：H1：倒 U 型　vs. H0：单调型或 U 型

| 极值点 | 0.1807 | |
|---|---|---|
| | 上限 | 下限 |
| 区间 | 1 | 0 |
| 斜率 | - 3.89 ** | 0.86 |
| t 值 | - 2.16 | 0.72 |
| P 值 | 0.02 | 0.24 |

注：** 代表在 5% 的水平上显著。

检验后的结果与假设 H5 - 3 背道而驰，其主要原因在于：若 CVC 的母公司与创业企业在策略上的匹配程度还没有到达一定的临界点，双方之间的知识互补程度较差，造成了技术和知识上的摩擦和矛盾，并没有为创业企业提供更多的技术和市场信息（Park et al.，2012），反而会使创业企业的创新效能下降，且不能将其应用于其日常的研发活动，并会对创新投资造成负面效应。当 CVC 母公司与创业企业的技术契合程度处于一个比较低的水平时，CVC 投资双方的期望与现实之间存在不一致，这造成了信息相对获取困难（卜华白，2014），同时，CVC 母公司与创业企业的协作也会减少其与创业企业的协作，从而使创业企业的创新业绩有所下滑。但是，当双边技术契合水平大于某一临界点时，技术契合度会提高双方的资源使用效率（魏江等，2010），有利于推动创新。

### 2. 调节效应回归分析

按照上文的步骤，通过回归模型式（5 - 3）至式（5 - 6）对假设 H5 - 4、假设 H5 - 5 进行检验。测试的结果显示在表 5 - 9 中，根据 M5 - 5 和 M5 - 6 对 R&D 的回归，可决系数 $R^2$ 增加了 3.05%，这表明，M5 - 6 比 M5 - 5 更好，模型的解释能力得到了加强。通过对 R&D 进行回归分析，发现在 CVC 生态链中，$TF \cdot Trust$ 的回归系数大于 0，而 $TF \cdot Trust^2$ 的回归值小于 0，说明双边技术契合水平对 CVC 生态链企业创新投入（R&D）的影响，也就是说，信任水平在双边技术契合水平上呈现出一个倒 U 型的变化，从而使 CVC 环境中的两个方面都呈现出更强的互补性，这种互补性的增强，很可能是因为互补性增强了双方对感情和资源的投入，使得双方的合作伙伴能够从中受益（Laura et al.，2016），这也说明了假设 H5 - 4 成立。如果信任水平超过一定阈值还不断增加，则会对双边技术契合水平对 CVC 生态链企业创新投入的正面影响产生影响。这可能是因为，信任水平过高会增加机会主义行为，同时造成管理费用提升，不利于企业创新（Sanjay et al.，2005），创新效率呈下降趋势。换句话说，信任水平发挥的调节作用一定程度上既可能促进企业创新，也有可能抑制企业创新（Veronica et al.，2019），假设 H5-5 通过检验。

表 5-9　　　　　　　　　　信任水平的直接调节作用

| 变量 | M5-3 | | M5-4 | | M5-5 | | M5-6 | |
|---|---|---|---|---|---|---|---|---|
| | 创新投入 | 创新产出 | 创新投入 | 创新产出 | 创新投入 | 创新产出 | 创新投入 | 创新产出 |
| $TF$ | 0.2090 *** (2.76) | 3.2760 * (1.68) | 0.0192 (1.62) | 0.0670 (0.28) | -0.0250 (0.08) | 3.1690 (0.48) | -5.1240 * (-1.92) | -9.2520 (-0.16) |
| $Trust$ | | | 0.0270 (0.96) | 1.5980 ** (2.25) | 0.0224 (0.50) | 1.9470 * (1.92) | 0.0210 (0.48) | 1.9410 * (1.91) |
| $TF \cdot Trust$ | | | | | 0.0140 (0.14) | -0.9750 (-0.47) | 3.3040 * (1.92) | 6.8650 (0.19) |
| $TF \cdot Trust^2$ | | | | | | | -0.5290 * (-1.92) | -1.2350 (-0.22) |
| $Size$ | -0.0040 (-1.58) | 0.12200 (0.97) | -0.0020 (-1.18) | 0.2210 * (1.83) | -0.0020 (-1.18) | 0.2150 * (1.77) | -0.0030 (-1.35) | 0.2070 (1.62) |
| $Distance$ | 0.0060 (0.75) | -0.2840 (-1.47) | -0.0110 (-1.46) | -0.2640 * (-1.74) | -0.0110 (-1.45) | -0.2770 * (-1.80) | -0.0100 (-1.41) | -0.2810 * (-1.82) |
| $Age$ | 0.0050 (0.22) | -0.8290 (-0.57) | -0.0001 (-0.12) | 0.0731 ** (2.06) | -0.0001 (-0.13) | 0.0740 * (2.08) | -0.0001 (-0.05) | 0.0760 ** (2.09) |
| $Leverage$ | 0.0080 (0.78) | 0.7340 (1.32) | 0.0080 (0.83) | 1.1890 ** (2.28) | 0.0080 (0.84) | 1.1850 ** (2.27) | 0.0080 (0.89) | 1.2020 ** (2.27) |
| $Growth$ | -0.1010 *** (-3.85) | 0.2520 (1.03) | -0.0080 ** (-3.25) | 0.2420 (1.00) | -0.0080 *** (-3.25) | 0.2430 (1.02) | -0.0080 *** (-3.28) | 0.2430 (1.01) |
| 年份固定效应 | Y | Y | Y | Y | Y | Y | Y | Y |
| 行业固定效应 | Y | Y | Y | Y | Y | Y | Y | Y |
| $R^2$ | 0.0654 | | 0.0734 | | 0.0735 | | 0.1078 | |
| N | 306 | 306 | 306 | 306 | 306 | 306 | 306 | 306 |

注：* 、** 、*** 分别代表在 10%、5%、1% 的水平上显著，括号内为 Z 值。

为更深层次地证实信任水平在双边技术契合水平与创新投入之间发生的调节作用，本书借鉴弗里达（Freda，2003）提出的做法，将信任水平分为高、中、低三类，测量不同信任水平调节下被解释变量与解释变量之间的边际效应。并通过观察主效应量的变化来定量探究调节效应，同时再次检验调节效应是否存在。

表 5 - 10 展示了对应边际效应的结果。在 $Trust$ 处于高位（$Trust = 3.30$）和处于低位（$Trust = 3.05$）情况下，边际效应函数的斜率分别为 5.79 和 4.69，说明信任水平的增加会促进双边技术契合水平对创新投入产生的影响，假设 H5 - 4 验证通过。

中心化处理除创新投入以外的变量，对应回归方程如下：

$$R\&D = \beta_0 + \beta_1 X + \beta_2 U + \beta_3 X \cdot U + \beta_4 X \cdot U^2 \qquad (5-8)$$

式（5 - 8）中 $R\&D$、$X$ 分别为创新投入和技术契合度，$U$、$U^2$ 为信任水平和信任水平的平方项，为简化过程暂时不考虑控制变量。同时，与前文类似，将信任水平分为高、中、低三类，分别观察其调节效应的量化结果。如表 5 - 10 所示。

表 5 - 10　　　　　　　　　信任水平调节下的边际效应

| 组别 | t 值 | 斜率 | 边际效应值 |
|---|---|---|---|
| TF = - 0.04，Trust = 3.05 | - 1.87 | 4.69 | - 1.59 |
| TF = - 0.04，Trust = 3.30 | - 1.86 | 5.79 | - 1.62 |
| TF = 0.58，Trust = 3.05 | 1.99 | 4.69 | 1.48 |
| TF = 0.58，Trust = 3.30 | 1.98 | 5.79 | 1.97 |

从表 5 - 11 的计算结果可以看出，无论信任水平处于何种情况，技术契合度系数皆为正数，同时，随着信任水平的提高，技术契合度系数表现为先变大后减小的特征。这意味着信任水平对二者之间的关系具有正向调节作用，但如果信任水平过高，则会对双边技术契合水平与 CVC 生态链创新绩效之间的正向影响产生压制。假设 H5 - 5 得到了支持。

表 5 - 11　　　　　　　　　信用水平的调节效应量化结果

| 中心化后的回归方程 | $R\&D = 0.0132 + (-4.4339)X + 0.0111U + 2.8525X \cdot U + (-0.4558)X \cdot U^2$ |
|---|---|
| 信任水平 | |
| 高 = 3.3044 | $R\&D = 0.0150X + 0.0499$ |
| 中 = 3.1784 | $R\&D = 0.0279X + 0.0485$ |
| 低 = 3.0525 | $R\&D = 0.0263X + 0.0471$ |

下面将运用上文提到的模型 M5 - 3 至模型 M5 - 5、模型 M5 - 7 检验假设 H5 - 6 和假设 H5 - 7。如表 5 - 12 所示，在模型 M5 - 5 中，当 Patent 作为被解释变量时，TF·RSA 的系数为负数，并且通过了显著性检验。表明关系专用资产的增加会抑制技术契合度对企业创新绩效的影响，假设 H5 - 6 通过检验。模型 M5 - 7 中，无论是在 Patent 作为被解释变量还是 R&D 作为被解释变量，TF·RSA 的系数皆为正数，且都通过了显著性检验，表明关系专用资产的增加对技术契合度对企业创新绩效的影响起到调节作用。但是，由于 CVC 的双边技术契合水平与其创新业绩呈 U 型相关，因此假设 H5 - 7 不能被验证。然而，在双边技术契合水平与 CVC 被投资企业创新绩效之间的 U 型关系中，仍旧存在着明显的增强效应，其主要的原因包括：双边技术契合水平处于较低水平时，关系专用资产的不当投入，将会使创业企业机会成本上升，导致其讨价还价力量下降和其他风险（陈峻等，2015），因此，增强双边技术契合水平对于创新绩效具有的负向影响。当投资双方的双边技术契合水平达到了某一特定值时，关系专用资产的增加有利于投资双方的信息传递，同时也可以维持与 CVC 创业企业的关系，关系专用资产象征着一种可信赖的承诺（吴爱华等，2014），加强了母公司和创业者之间的信任，对双方的知识和技术资源进行了有效传递，对创新绩效的提升产生了明显的影响，因此，关系专用资产的增加对技术契合度对企业创新绩效起强化作用。

表 5 - 12　　　　　　　　　　　关系专用资产的直接调节作用

| 变量 | M5 - 3 | | M5 - 4 | | M5 - 5 | | M5 - 6 | |
|---|---|---|---|---|---|---|---|---|
| | 创新投入 | 创新产出 | 创新投入 | 创新产出 | 创新投入 | 创新产出 | 创新投入 | 创新产出 |
| $TF$ | 0.2090*** (2.76) | 3.2760* (1.68) | 0.0089 (0.91) | - 0.1690 ( - 0.77) | 0.0068 (0.47) | 1.1297*** (2.40) | 0.0033 (0.24) | 1.0359** (2.19) |
| $RSA$ | | | - 0.0095 ( - 1.05) | - 3.0647*** ( - 7.70) | - 0.0108 ( - 0.96) | - 2.1863 ( - 4.47) | - 0.0073 ( - 0.65) | - 2.1630*** ( - 4.37) |
| $TF \cdot RSA$ | | | | | 0.0061 (0.20) | - 3.9657*** ( - 3.15) | - 0.1741** ( - 2.48) | - 6.7342*** ( - 3.33) |
| $TF^2 \cdot RSA$ | | | | | | | 0.2550*** (2.84) | 3.9639* (1.72) |
| $size$ | - 0.004 ( - 1.58) | 0.122 (0.97) | - 0.0033 ( - 1.56) | 0.0353 (0.31) | - 0.0033 ( - 1.57) | 0.0737 (0.66) | - 0.0030 ( - 1.43) | 0.0613 (0.56) |

续表

| 变量 | M5 - 3 | | M5 - 4 | | M5 - 5 | | M5 - 6 | |
|---|---|---|---|---|---|---|---|---|
| | 创新投入 | 创新产出 | 创新投入 | 创新产出 | 创新投入 | 创新产出 | 创新投入 | 创新产出 |
| *area* | 0.006<br>(0.75) | - 0.28<br>( - 1.47) | - 0.0060<br>( - 1.01) | - 0.0870<br>( - 0.62) | - 0.0060<br>( - 1.01) | - 0.1062<br>( - 0.77) | - 0.0049<br>( - 0.87) | - 0.0948<br>( - 0.69) |
| *age* | 0.005<br>(0.22) | - 0.83<br>( - 0.57) | 0.0006<br>(0.60) | 0.0488<br>(1.53) | 0.0006<br>(0.60) | 0.0442<br>(1.42) | 0.0008<br>(0.83) | 0.0424<br>(1.39) |
| *leverage* | 0.008<br>(0.78) | 0.734<br>(1.32) | 0.0037<br>(0.41) | 0.8704 *<br>(1.89) | 0.0037<br>(0.42) | 0.6387<br>(1.40) | 0.0034<br>(0.38) | 0.6884<br>(1.53) |
| *growth* | - 0.1010 ***<br>( - 3.85) | 0.252<br>(1.03) | - 0.0077 ***<br>( - 3.21) | 0.3901<br>(1.72) | - 0.0077 ***<br>( - 3.19) | 0.3122<br>(1.41) | - 0.0078 ***<br>( - 3.22) | 0.2960<br>(1.34) |
| 行业固定<br>效应 | Y | Y | Y | Y | Y | Y | Y | Y |
| $R^2$ | 0.0654 | | 0.0648 | | 0.0652 | | 0.0836 | |
| N | 306 | 306 | 306 | 306 | 306 | 306 | 306 | 306 |

注：* ** 、***分别代表在10%、5%、1%的水平上显著，括号中的数值代表 t 统计量。

为更深入地展开对关系专用资产发挥调节作用的研究，根据均值－标准差、均值、均值＋标准差，将调节变量关系专用资产分类为三个不同程度的组，即高、中、低组，测量不同关系专用资产调节下被解释变量与解释变量之间的边际效应。并通过观察主效应量的变化来定量探究调节效应情况，再次检验调节效应是否存在。得到的结果具体表现在表 5 – 13 中。RSA 处于高位（RSA ＝0.51）和处于低位（RSA ＝0.15）情况下，边际效应函数的斜率分别为 －6.94 和 35.61，说明关系专用资产的增加会抑制双边技术契合水平对创新产出产生的影响，假设 H5 – 6 得到验证。

表 5 – 13　　　　　　　　关系专用资产调节下的边际效应

| 组别 | t 值 | 斜率 | 边际效应值 |
|---|---|---|---|
| TF ＝ - 0.04，RSA ＝0.15 | 8.02 | 35.61 | 32.84 |
| TF ＝ - 0.04，RSA ＝0.51 | 7.88 | - 6.94 | 13.10 |
| TF ＝0.58，RSA ＝0.15 | 7.65 | 35.61 | 54.92 |
| TF ＝0.58，RSA ＝0.51 | 7.11 | - 6.94 | 8.80 |

### 5.3.5 稳健性检验

#### 1. 替换变量

使用《国民经济行业分类》（GB/T 4754 – 2017）中的 5 位行业代码，以 5 位行业代码间的一致性程度计算新的自变量双边技术契合水平 $TF+1$，若第一位代码不同，则 $TF+1$ 为 0，否则，代码每相同一位则 $TF+1$ 增加 1/5。同时使用研发支出／总资产来计算新的因变量创新投入 $R\&D+1$（周迎，2018），并使用滞后 1 期的专利申请数计算另一个因变量创新产出 Patent $+1$。替换后回归结果见表 5 – 14，各变量显著性和表现与前文结果基本相同，通过了显著性检验。

#### 2. Heckman 样本选择模型

本书可能存在样本自选择问题，故考虑使用 Heckman 二阶段模型来控制（黄小琳等，2015）。在第一阶段中，设定了一个表达公司的技术契合与否的虚拟变量 $TFE$，并把公司分成了技术契合、技术不契合两种类型，在此基础上，通过引进地区劳动力流动程度这一外生因素，来对样本进行更深层次的内生调控。要引进一个工具变量，需要符合以下条件：与自变量双边技术契合水平有较高的相关性，但不依赖于 CVC 公司当前的创新业绩（汪涛等，2020）。地区劳动力流动程度（$LM$）可以很好地满足工具变量的要求。一方面，技术知识以劳动力为载体（张莘，2014），因而 $LM$ 与技术知识转移息息相关，会直接影响技术契合度；另一方面，$LM$ 主要呈现的是地区间劳动力动态变化（姚枝仲和周素芳，2003），因而并不依赖于某一企业自身的创新绩效。故采用地区劳动力流动程度作为工具变量进行内生性检验。

模型设置如下：

$$TFE_{ut} = \alpha_0 + \alpha_1 LM_{u,t} + \alpha_2 Age_{u,t} + \alpha_3 Size_{u,t} + \alpha_4 Area_{u,t} + \alpha_5 Distance_{u,t}$$
$$+ \alpha_6 Leverage_{u,t} + \alpha_7 Growth_{u,t} + \varepsilon_{u,t} \tag{5-9}$$

从表 5 – 15 可以看出 $LM$ 与 $TF$ 表现出强相关。在引入 IMR 控制后，IMR 显著表明实际的样本自选择问题，并且对于经过了非随机的 IMR 控制后得到了更加可信的结果。对主要变量进行了调整后，其符号和显著程度与表 5 – 14 中的结果相符。

**表 5 - 14　替换变量的稳健性检验**

| 变量 | Panel C | | | | Panel B | | | | Panel A | | | |
| --- | --- | --- | --- | --- | --- | --- | --- | --- | --- | --- | --- | --- |
| | M5 - 1 | | M5 - 2 | | M5 - 1 | | M5 - 2 | | M5 - 1 | | M5 - 2 | |
| | 创新投入 | 创新产出 | 创新投入 | 创新产出 | 创新投入 | 创新产出 | 创新投入 | 创新产出 | 创新投入 | 创新产出 | 创新投入 | 创新产出 |
| $TF+1$ | 0.1619\*\*\* (-2.64) | 4.2060\*\* (-2.03) | -0.2642\*\* (-2.15) | -0.6241 (-0.45) | 0.0263 (-0.32) | 1.1388\*\* (-2.05) | 0.0127 (-0.08) | 0.6626 (-0.34) | 0.2348\* (-1.95) | -2.066\*\*\* (-3.06) | -0.2428 (-0.77) | -1.1898 (-0.64) |
| $TF+2$ | | | 0.4261\*\* (-2.39) | 1.5078 (-0.51) | | | 0.0135 (-0.06) | 1.052 (-0.26) | | | 0.4776 -1.15 | -1.8991 (-0.51) |

注：\*、\*\*、\*\*\* 分别表示 10%、5%、1% 的显著性水平，括号内为 Z 值。

表 5-15

**Heckman 检验结果**

| | 模型 | 变量 | TF | TF² | LM | TF·Trust | TF·Trust² | TF·RSA | TF²·RSA | IMR |
|---|---|---|---|---|---|---|---|---|---|---|
| Panel A | M5-8 | TFE | | | 2.5272***<br>(3.76) | | | | | |
| | M5-1 | R&D | 0.2355**<br>(2.34) | | | | | | | 0.0038<br>(0.14) |
| | | Patent | -0.8019*<br>(-1.69) | | | | | | | -0.6122<br>(-1.07) |
| | M5-2 | R&D | -0.0481<br>(-0.75) | 0.108<br>(1.31) | | | | | | 0<br>(-0.00) |
| Panel B | M5-1 | R&D | 0.2408**<br>(2.49) | | | | | | | -0.0368*<br>(-1.90) |
| | | Patent | 0.7105**<br>(2.34) | | | | | | | -1.0464<br>(-2.84) |
| | M5-2 | R&D | -0.1003*<br>(-1.75) | 0.1642**<br>(2.27) | | | | | | 0.0349*<br>(-1.80) |

续表

Panel C

| 模型 | 变量 | TF | $TF^2$ | LM | $TF \cdot Trust$ | $TF \cdot Trust^2$ | $TF \cdot RSA$ | $TF^2 \cdot RSA$ | IMR |
|---|---|---|---|---|---|---|---|---|---|
| M5 – 1 | R&D | 0.2256 *** (3.47) | | | | | | | 0.0207 (−1.48) |
| | Patent | 1.5662 (1.04) | | | | | | | 1.0551 ** (−3.50) |
| M5 – 2 | R&D | −0.0834 ** (−2.18) | 0.1416 *** (2.85) | | | | | | −0.0209 (−1.47) |
| M5 – 6 | R&D | −5.5730 ** (−2.06) | | | 3.6104 ** (2.07) | −0.5812 ** (−2.07) | | | −0.0188 (−1.03) |
| M5 – 7 | R&D | 0.0033 (0.24) | −0.0073 (−0.65) | | | | −0.1741 ** (−2.48) | 0.2550 *** (2.84) | −0.0209 (−1.47) |
| | Patent | 1.0359 ** (2.19) | −2.1630 *** (−4.37) | | | | −6.7342 *** (−3.33) | 3.9639 * (1.72) | −0.0188 (−1.03) |

注：*、**、*** 分别表示 10%、5%、1% 的显著性水平，括号内为 Z 值。

## 3. 倾向得分匹配法（PSM）

为保证结果进一步稳健，研究设置虚拟变量 $XTF$，代表技术契合与否，用 1 表示契合，用 0 表示不契合。使用有放回最邻近匹配法对 $XTF$ 为 1 的被投资企业配 3 个 $XTF$ 为 0 但倾向得分值最接近的企业，然后进行匹配平衡性检验（Jeffrey et al.，1998）。一般来说，匹配变量标准差低于 20% 已经属于不错的表现，低于 10% 则属于表现优秀（邵敏和包群，2011；陈洋林等，2018）。研究结果如表 5 - 16 所示，可以看出，除营业收入增长率（Growth）的匹配后标准误差绝对值为 20.3%（稍大于 20%）外，其他变量的匹配后标准误差都小于 10%，与匹配前相比有大幅度减小。总体来说，结果是可以接受的。

表 5 - 16　　　　　　　　　　PSM 前后情况对比

| 变量 | 样本匹配 | 均值 | | | t 检验 | |
|---|---|---|---|---|---|---|
| | | 处理组 | 控制组 | 控制偏差（%） | t 值 | P 值 |
| Age | 匹配前 | 3 | 2.85 | 3.2 | 0.27 | 0.78 |
| | 匹配后 | 3 | 3.11 | -3.8 | -0.28 | 0.78 |
| Growth | 匹配前 | 0.1 | 0.13 | -15.3 | -1.27 | 0.21 |
| | 匹配后 | 0.1 | 0.17 | -20.3 | -1.75 | 0.08 |
| Size | 匹配前 | 21.13 | 21.11 | -17.2 | -1.41 | 0.16 |
| | 匹配后 | 21.13 | 21.06 | 8.2 | 0.67 | 0.51 |
| Leverage | 匹配前 | 0.32 | 0.31 | -7 | -0.59 | 0.56 |
| | 匹配后 | 0.32 | 0.34 | -6.5 | -0.48 | 0.63 |
| Distance | 匹配前 | 0.41 | 0.43 | 7.4 | 0.62 | 0.53 |
| | 匹配后 | 0.41 | 0.42 | -3.7 | -0.27 | 0.79 |

接下来分析平均处理效应（ATT）。根据表 5 - 17 的结果可以看出，当因变量为创新产出（Patent）时，匹配前后的平均处理效果显著且皆为正，假说 H1a 再次得到验证。当因变量为创新投入（R&D）时，匹配前后的平均处理效果差别并不显著。技术契合度和创新投入之间的非线性关系可能是 PSM 失效的原因。

**表 5 - 17**　　　　　　　　　　　　平均处理效应（*ATT*）

| 变量 | 匹配状态 | 组间差异 | 标准差 | t 值 | 处理组 | 控制组 |
|------|---------|---------|--------|------|--------|--------|
| *Patent* | U | 9.802 | 5.492 | 1.78* | 33.656 | 23.855 |
| | M | 12.731 | 6.802 | 1.87* | 33.656 | 20.925 |
| *R&D* | U | 0.002 | 0.004 | 0.47 | 0.055 | 0.053 |
| | M | 0.002 | 0.005 | 0.36 | 0.055 | 0.053 |

## 5.4　研究结论

本章选取 2009～2017 年在我国中小板、创业板得到 CVC 持续注资的上市企业为对象，考察双边技术契合水平对处于 CVC 生态链中的上游和下游被投企业的创新业绩产生的不同作用，并进一步探讨其作用机制。在研究中，我们使用 Heckman 二阶段分析、倾向得分匹配、替代变量等方法来克服模型的内生性和稳健性问题，从而增强模型的可靠性。结果显示，双边技术契合水平对于创新投入表现为 U 型相关，对创新产出有促进作用，且处于 CVC 生态链下游的企业促进作用更加明显。上述结论可能的理由是：若母公司与创业企业战略匹配，母公司能够更精准、更有效地提供资金资源支持，同时也方便母公司对创业企业进行监管，从而增加了对创业企业的研发投入。CVC 母公司和被投公司的技术匹配度比较高，可以让彼此信息传递更为通畅和紧密，这有利于提升创业企业的创新效率，进而带来绩效的提升。

同时，信任水平通过了调节效应检验。信任水平在双边技术契合水平与 CVC 生态链创新投入之间产生显著的积极调节作用，但较高的信任水平则会对双边技术契合水平和企业间的合作程度造成负面影响。这一现象的作用机理是：过分的信赖使得母公司对 CVC 生态链企业的监管变得松懈，从而引发了机会主义行为，机会主义行为还会使母公司在应对消极效应时产生的无谓的资源投资变得更多，造成了资源的不当使用，阻碍了创新活动。

关系专用资产同样通过了调节效应检验，关系专用资产投入的增加会抑制双边技术契合水平对 CVC 创业企业创新产出的积极作用，也会加强双边技术契合水平对 CVC 创业企业的创新绩效的 U 型关系表现。双边技术契合水平处于较低水平时，关系专用资产的不当投入将会使创业企业机会成本上升，导致其讨价还价能力下降和其他风险，进而对创新绩效产生不利影响。但是，当投资双方的双边技术契合水平达到了某一特定值时，关系专用资产的增加有利于投资双方的信息传递，同时也可以维持与 CVC 创业企业的关系，进而对创新绩效的提升产生了明显的作用。

# 第6章 基于技术契合的公司创业投资支持企业控制权治理

控制权配置是创业企业治理的核心问题，母公司与被投资企业间的技术契合水平是影响创业企业控制权配置的关键点。本章整理 CVC 支持的 97 个公司的三年非平衡面板数据，借助随机效应模型考察了我国 CVC 母公司和被投资企业之间技术契合程度对创业企业两种控制权配置的影响。结果表明，当 CVC 投资者战略收益较小、创业企业家私人收益较大时，双方技术契合度与 CVC 投资者获得的剩余控制权呈非线性倒 U 型关系；当 CVC 投资者战略收益较大，创业企业家私人收益较小时，双方技术契合度与 CVC 投资者获得的剩余控制权呈非线性 U 型关系；CVC 投资者获得的特定控制权与双方技术契合度正相关。

## 6.1 理论分析与研究假设

### 6.1.1 CVC 投资企业控制权收益的构成

企业控制权收益分为私人收益和证券收益两类（Grossman and Hart，1988），控制权私人收益是证券持有者无法获得的，它由当前的管理层或收购者获得，证券收益指企业证券持有者所得收益的总市值。控制权收益分为共享收益和私人收益两类（Fama and Jensen，1983）。共享收益是控制权作用于企业绩效所产生的增量收益，这些收益由所有股东共享，以显性的货币化形式表现（Shleifer and Vishny，1986；徐菁和黄珺，2009）。控制权私有收益源于拥有控制权的一方，主要表现为控股股东的精神享受和主观价值，由货币与非货币收益构成，前者包括通过关联交易和操纵股价等掠夺方式转移的资产，后者包括经理人在经营活动中的在职消费、职业声誉、慈善捐赠及个人关系的改善等（Jenson and Meckling，1976）。

不同于传统创业投资追求财务回报的目标，公司创业投资主要追求战略目标。CVC 母公司为其支持的创业企业提供战略性投资与互补性资产，与创业企业形成战略联盟或其他商业关系（王雷和周方召，2017）。CVC 的主要战略任务是利用外部创新资源，为母公司引进新想法或新技术，以增强母公司的竞争优势。大多数 CVC 投资于创业公司，以实现战略利益。公司创业投资的战略收益即创新战略目标实现度是公司创业投资支持企业控制权配置的影响因素（Turcan，2008）。本书假设 CVC 战略性私人收益（非货币性收益）的货币等价值为 G。传统意义上的控制权私有收益源于高管人员所享有的私人特权，包括享受的各项在职消费、对企业资源的利己分配、牺牲其他成员利益来提升社会地位、获取职业声誉等（Jenson and Meckling，1976）。经营者从公司价值中获得的私人利益为控制权私人收益（Grossman and Hart，1988）。控制权私人收益由通过隧道行为获取的货币收益、非货币的乐趣收益及声誉收益组成，控制权私人收益很难被观察到，更难以准确度量（Dyck and Luigi，2004）。本书将创业企业家通过控制权获得的非货币化私人收益设为 E。

不完全契约理论认为，由于契约的不完全性，控制权由特定控制权与剩余控制权组成，剩余控制权即在事前无法规定的权利，特定控制权是在契约中明确规定的权利（杨瑞龙和聂辉华，2006）。作为激励性契约安排的剩余控制权和作为保守性契约安排的特定控制权为创业企业家与风险投资家带来的收益是不同的，两者的承诺激励作用存在差异（王雷，2014）。在创业企业中，代表全体股东的董事会享有剩余控制权、经理层享有特定控制权、代表全体债权人的债权人大会拥有或有控制权（刘浩和孙铮，2005）。大股东通过控制权可提升企业价值，控制权在转让过程中的溢价也证明了剩余控制权有利于企业价值的提升（Shleifer and Vishny，1997）。公司价值中由股东所得的股息流量现值为共享收益（Grossman and Hart，1988）。因此，本书把剩余控制权带来的共享收益设为控制权货币性收益 Z，将特定控制权带来的私有收益设为非货币性收益 E 和 G。由于创业企业家是风险偏好型，更关注在职消费、职业声誉等非货币性收益，因此，创业企业家总是希望企业项目不断运行，其控制权私有收益的货币等价值 E 一定大于完全拥有企业剩余控制权得到的控制权共享收益 Z（王雷，2014）。

## 6.1.2 参数设定与模型构建

大股东通过改善公司经营管理和监督所导致的公司价值提升为"共享收

益"，这些收益由公司所有股东共享（Grossman and Hart，1988）。施莱佛和维什尼（Shleifer and Vishny，1997）也证明了共享收益的存在。在公司创业投资中，创业企业的控制权共享收益由委托双方共享，双方的技术契合水平影响共享收益的大小（Gaba and Bhahhacharya，2012）。由于公司创业投资的投资行业与母公司战略关联度高，双方的关系要比传统创业投资机构与风险企业的关系更紧密。与 CVC 母公司技术专长密切相关的创业企业能更好地吸收利用 CVC 母公司提供的互补性资产，拥有更强的创新能力（Chemmanur et al.，2011）。因此，CVC 母公司与创业企业的技术契合水平越高，公司创业投资家通过监督而使创业企业提升的价值就越小，CVC 母公司与创业企业的技术契合度与控制权共享收益负相关。本书假定创业企业的控制权共享收益是 CVC 母公司与创业企业技术契合度 $t$ 的函数，即 $Z = z(t)$，且 $\dfrac{\partial Z}{\partial t} < 0$。

本书参考梯若尔（2001）固定投资模型，在此基础上引入技术契合度等参数，假定如下。

（1）CVC 通过股权向创业企业注入资金 A，投资项目的成功率为 $P_H(m)$，失败率为 $P_L(m)$，$m$ 是创业企业家的努力水平，项目成功时带来的收益为 $U$（$U > 0$），项目失败时剩余残值为 $R(0 < R < A)$，当项目失败时，CVC 有残值的优先索取权，且由其独自占有。

（2）创业企业家的控制权私人收益（运营初始非货币性收益）为 $E$，它与企业家的努力水平 $m$ 负相关。为了保证投资项目的顺利进行，CVC 会对企业家进行监督，假定所有的监督成本为 $C_{CVC}(C_{CVC} < Z)$。

（3）不完全契约理论认为控制权由剩余控制权与特定控制权组成，创业企业家为了得到 CVC 的资金，保证融资顺利，必须向 CVC 转移部分控制权（Tirole，2001）。本书假定企业家向 CVC 转移的剩余控制权为 $\lambda_1 \in [0, 1]$，转移的特定控制权为 $\lambda_2 \in [0, 1]$，项目成功时，CVC 对项目收益的剩余索取权为 $k \in [0, 1]$。

综上，当项目成功时，CVC 获得的控制权共享收益为 $\lambda_1 \cdot Z$，企业家获得的控制权共享收益为 $Z \cdot (1 - \lambda_1)$；CVC 获得的特定控制权为 $\lambda_2 \cdot G\lambda$，企业家获得的特定控制权收益为 $E \cdot (1 - \lambda_2)$。

此时，创业企业的总收益为：

$$P_H(m) \cdot U + P_L(m) \cdot R - A \qquad (6-1)$$

CVC 参与投资的基本条件是获得的净利润不小于 0，即要满足创业投资者参与约束：

$$P_H(m) \cdot U \cdot k + P_L(m) \cdot R + \lambda_1 \cdot Z + \lambda_2 \cdot G - C_{CVC} - A \geqslant 0 \quad (6-2)$$

为了保证项目的顺利进行，CVC 对企业家进行监督，因为项目成功率与企业家努力水平正相关，为了激励企业家努力工作，CVC 要对企业家进行补偿，即要满足创业企业家激励约束：

$$P_H(m) \cdot U \cdot (1-k) + (1-\lambda_1) \cdot Z - (1-\lambda_2) \cdot E \geqslant 0 \quad (6-3)$$

由式（6-2）和式（6-3）可得，创业企业的剩余和特定控制权表达式分别为：

$$\lambda_1^* = \frac{EA - EG + GZ + EC_{CVC} - EP_L(m)R - (E+G)P_H(m)Uk + P_H(m)GU}{Z(E+G)}$$

$$(6-4)$$

$$\lambda_2^* = \frac{E + C_{CVC} + A - Z - P_L(m)R - P_H(m)U}{E+G} \quad (6-5)$$

### 6.1.3  研究假设

由式（6-4）可得，

$\dfrac{\partial \lambda_1^*}{\partial Z} = \dfrac{EG - EA + EC_{CVC} + ERP_L(m) + (E+G)P_H(m)kU - GUP_H(m)}{Z^2(E+G)}$，当 $Ek +$

$Gk - G > 0$，即 $G < \dfrac{Ek}{(1-k)}$ 时，若 $P_H(m)U > \dfrac{E(A + C_{CVC} - G - P_L(m)R)}{Ek + Gk - G}$，则

$\dfrac{\partial \lambda_1^*}{\partial Z} > 0$，由于 $\dfrac{\partial Z}{\partial t} < 0$，所以，$\dfrac{\partial \lambda_1^*}{\partial t} < 0$；

若 $P_H(m)U < \dfrac{E(A + C_{CVC} - G - P_L(m)R)}{Ek + Gk - G}$，则 $\dfrac{\partial \lambda_1^*}{\partial Z} < 0$，由于 $\dfrac{\partial Z}{\partial t} < 0$，所以，

$\dfrac{\partial \lambda_1^*}{\partial t} > 0$。

这说明，在 $G < \dfrac{Ek}{(1-k)}$ $G < \dfrac{Ek}{(1-k)}$ 的情况下，当 $P_H(m)U >$

$\dfrac{E(A + C_{CVC} - G - P_L(m)R)}{Ek + Gk - G}$ 时，CVC 母公司与被投资创业企业的技术契合度越

高，CVC 获得的剩余控制权越少；当 $P_H(m)U < \dfrac{E(A + C_{CVC} - G - P_L(m)R)}{Ek + Gk - G}$ 时，

CVC 母公司与被投资创业企业的技术契合度越高，CVC 获得的剩余控制权越多。

当 $Ek + Gk - G < 0$，即 $G > \dfrac{Ek}{(1-k)}$ 时，若 $P_H(m)U > \dfrac{E(A + C_{CVC} - G - P_L(m)R)}{Ek + Gk - G}$，

则 $\dfrac{\partial \lambda_1^*}{\partial Z} < 0$，由于 $\dfrac{\partial Z}{\partial t} < 0$，所以，$\dfrac{\partial \lambda_1^*}{\partial t} < 0$；

若 $P_H(m)U < \dfrac{E(A + C_{CVC} - G - P_L(m)R)}{Ek + Gk - G}$，则 $\dfrac{\partial \lambda_1^*}{\partial Z} > 0$ $\dfrac{\partial \lambda_1^*}{\partial Z} > 0$，由于 $\dfrac{\partial Z}{\partial t} <$

$0$，所以，$\dfrac{\partial \lambda_1^*}{\partial t} < 0$。

这说明，在 $G > \dfrac{Ek}{(1-k)}$ 的情况下，当 $P_H(m)U > \dfrac{E(A + C_{CVC} - G - P_L(m)R)}{Ek + Gk - G}$

时，CVC 母公司与被投资创业企业的技术契合度越高，CVC 获得的剩余控制权越多；当 $P_H(m)U < \dfrac{E(A + C_{CVC} - G - P_L(m)R)}{Ek + Gk - G}$ 时，CVC 母公司与被投资创业企业的技术契合度越高，CVC 获得的剩余控制权越少。

由式（6-5）可得，$\dfrac{\partial \lambda_2^*}{\partial Z} = -\dfrac{1}{E + G} < 0$，由于 $\dfrac{\partial Z}{\partial t} < 0$，因此 $\dfrac{\partial \lambda_2^*}{\partial t} > 0$，即 CVC 母公司与被投资创业企业的技术契合度越高，CVC 获得的特定控制权越多。

结合理论模型和理论分析发现，由于创业企业的创新技术往往是竞争性和排他性的，创业企业家容易高估自身能力，在经营过程中总是存在过度自信的现象（Huang et al.，2015；Simcoe and Galasso，2010）。CVC 母公司可以为创业企业提供资产、技术、销售渠道、管理生产经验、市场等资源，这对创业企业而言是至关重要的（Wadhwa et al.，2016）。若公司创业投资母公司与其投资的创业企业行业相关，这些独特的资源作为专用性互补性资产是创业企业家迫切需要的。CVC 母公司与创业企业的这种技术契合促使企业家自愿转让部分剩余控制权给投资者，从而激励 CVC 为其提供更多优质的技术专长，促进企业更深层次的创新。老牌企业通过 CVC 投资领域相同的创业企业，其主要目的是开发原有知识、学习新知识，进一步产生知识溢出效应，同时充分利用未被利用的资源（范雪艳，2017）。CVC 把战略收益看得比财务收益更重要。当 CVC 战略收益较小、创业企业家私人收益较大时，在创业企业初期，CVC 为创业企业带来互补性资产以期待获取战略性收益，促进母公司的创新。在此期间创业企业需要学习吸收 CVC 从母公司那里带来的互补性资源，双方的行业技术存在差异，处于磨合期，为了得到 CVC 的技术帮助、关系等资源，创业企业家愿意让渡更多的剩余控制权给 CVC。CVC 对创业企业越重要，CVC

对被投资企业的控制力越强，对创业企业的决策产生更大的影响（翟丽等，2010）。通过一段时期的学习，创业企业家逐渐掌握了 CVC 带来的管理经验、技术水平，随着双方技术契合度的提高，创业企业的发展壮大，企业家充分理解了母公司带来的技术，创业企业学习接受技术等稀缺性资源的成本下降，此时 CVC 对创业企业而言不再那么重要，企业家向投资者转移的剩余控制权减少。当 CVC 获得的战略收益较大，创业企业家的私人收益较少时，由于 CVC 主要追求新技术等战略收益而不是货币收益，所以投资者对剩余控制权的关注度较少。随着双方技术契合度的提高，创业企业不断壮大，创业企业开始忽视创业投资者的作用，拥有较多战略收益的 CVC 想要获取剩余控制权来监督企业家行为，由于创业企业家获得的私人收益较少，也愿意出让部分剩余控制权以获得更多私人收益。

CVC 为了攫取投资回报，会依据控制权配置情况，适时争夺实际控制权，变更董事会结构，更换高管团队等（高闯和张清，2017）。现实中，随着 CVC 剩余索取权的增加，为了防止企业家得到更多的非货币收益和控制权共享收益，投资者参与创业企业经营管理的想法会增强（陈涛等，2018）。母公司给 CVC 提供的独特的知识和被投资企业使用的技术即为专用性互补性资产（Chemmanur et al.，2011），CVC 母公司通常以参与创业企业董事会决策治理、派驻财务人员和管理人员及技术人员等方式为其投资企业提供互补性资产。当上市公司对相关行业进行风险投资时，更愿意派驻本公司高管担任被投资企业的高级管理职务（翟丽和鹿溪，2010）。因此，CVC 母公司与其支持企业间的技术契合度越高，CVC 获取的特定控制权越多。

综合上述分析，提出如下研究假设。

H6 - 1：CVC 战略收益较小、创业企业家的私人收益较大时，CVC 获得的剩余控制权与双方技术契合度呈非线性倒 U 型关系；当 CVC 战略收益较大，创业企业家的私人收益较小时，CVC 获得的剩余控制权与双方技术契合度呈非线性 U 型关系。

H6 - 2：CVC 获得的特定控制权与双方的技术契合度正相关。

## 6.2 实证研究设计

### 6.2.1 样本选取与数据来源

知识与技术已经取代资本和劳动成为经济增长的主要推动因素，以创业企业形式出现的高科技企业作为构成高新技术行业的微观单位在经济体系中的角色日益重要。鉴于公司创业投资主要推动的是创业投资和中小企业的发展，并考虑到数据的可得性，本章以 2004～2014 年在中小板和创业板上市的 1132 家行业企业为研究样本。上市大企业主要通过参股、控股或独立成立创投机构这三种形式参与 CVC 投资活动，本研究先查阅上市公司年报中的前十大股东，将样本公司十大股东中由上市大企业参股、控股或独立成立的创业投资机构挑选出来。在对样本进一步筛选过程中，剔除样本中投资公司或被投资公司是金融类企业或主营业务有创业投资的，剔除在研究期内为 ST 类、被停止上市的企业及数据缺失的企业。研究企业要满足上市 3 年内都获得 CVC 支持的上市公司这一要求，数据截止日期为 2016 年。满足条件的共有 97 家上市公司，3 年共 291 个有效样本观测值。实证中使用的数据均来自巨潮资讯公司年报和国泰安（CSMAR）数据库。

## 6.2.2　变量的定义

### 1. 因变量

（1）剩余控制权（residual control right，RCR）。杨继国等（2006）和哈特（Hart，1990）认为剩余控制权是参与董事会（监事会）的制度安排，包括对决策方案的批准和对决策方案执行后的监督。张维迎（2009）指出，契约中未做出明确规定的决策权即为剩余控制权。CVC 通过董事会和监事会行使决策权，对创业企业家进行监督控制。因此，研究从董事会和监事会两个层面考虑 CVC 拥有的剩余控制权。综合借鉴梯若尔（2001）和王雷（2008）的研究成果，选用 CVC 在创业企业中拥有的董事会席位比例、执行董事（指参与企业经营的董事）席位比例及监事会席位比例三个指标的算术平均数衡量 CVC 获取的剩余控制权。

（2）特定控制权（special control right，SCR）。特定控制权是契约明确授予经理的包括日常生产、销售等经营决策权（徐宁和徐向艺，2012）。CVC 母公司通过向创业企业派遣管理人员、技术人员、财务人员参与创业企业的经营决策。由于创业企业年报中未披露 CVC 母公司派遣的技术人员和财务人员的具体信息，且并不是所有 CVC 母公司都向创业企业派遣管理人员。为了保证实证结果的准确性，研究选用 CVC 母公司向创业企业派驻的管理人员的自然对数来测量 CVC 拥有的创业企业特定控制权。根据我国上市企业的实际情况，研究的管理层具体包括总经理、副总经理、财务负责人和董事会秘书。

### 2. 自变量

（1）技术契合度（technology fit，TF）。格鲁伦等人（2006）采用 SIC（标准产业分类）代码评估 CVC 母公司与创业企业间的关系，但基于 SIC 的相关性度量存在信息量小、对企业相关性描述宽泛等局限性。马苏利斯和纳塔（2009）通过 CorpTech 目录收集行业和产品代码，衡量 CVC 母公司与创业企业间的关联度，该目录对企业运营的特定市场和产品层次进行了详细分类。本书写作时，我国上市企业尚未明确披露详细的运营市场和产品级别的分类，因此，在格鲁伦等人（2006）和马苏利斯和纳塔（2009）等学者的研究基础上进行改进，使用行业接近性作为测度 CVC 母公司与被投资企业间技术契合的指标。根据证监会 2012 年公布的《上市公司行业分类指引》CSRC 行业分类编码，以行业编码间的一致性程度计算 CVC 母公司与其投资企业间的技术契合度。若双方行业分类编码中的第一位数相同，技术契合度为 1/3，第一位和第二位都相同为 2/3，三位数都相同为 1；若双方行业代码的第一位不相同，则技术契合度为 0。

（2）剩余索取权（residual claim，RC）。企业所有权中的剩余索取权是针对企业利润而言的（张维迎，2009），不完全契约理论指出剩余控制权的配置与剩余索取权应对应，企业主要通过现股、期股和期权这三种方式激励剩余索取权。创业企业与 CVC 签订契约中的不确定性收益为企业剩余，企业家与 CVC 均对不确定性收益有要求权即剩余索取权（王雷和党兴华，2008）。研究分别用创业企业高管持股比例和 CVC 对创业企业的持股比例这两个指标衡量企业家剩余索取权（entrepreneur residual claim，ERC）和 CVC 剩余索取权（CVC residual claim，CRC）。

### 3. 控制变量

由于创业企业及 CVC 母公司自身的发展及其地域相关性影响双方的技术契合度，本研究选取创业企业与 CVC 母公司的规模、年龄及两者所处的地区差异为控制变量。各控制变量的衡量方式如下。

创业企业规模（Esize）：以创业企业期末总资产的常对数计算。

创业企业年龄（Eage）：以创业企业成立年份到样本数据选取时的时间长度表示。

CVC 母公司规模（Csize）：以 CVC 母公司期末总资产的常对数计算。

CVC 母公司年龄（*Cage*）：以 CVC 母公司成立年份到样本数据选取时的时间长度表示。

地区差异（*Area*）：虚拟变量，创业企业与 CVC 母公司的地区差异对双方的经营管理产生影响。若 CVC 母公司与被投资企业同属于一个省份，则取值为 1，否则为 0。

### 4. 分组变量

（1）创业企业家私人收益（private benefits，PB）。鉴于企业家通常采用隐蔽的方式获取控制权私有收益，难以找到确切的衡量方式。戴德明等（2015）认为股东对资金的占用对代理成本造成的影响最大，选用股东侵占的其他应收款测度控制权私有收益。李香梅等（2015）和顾群等（2018）以控制权与现金流权的差值衡量控制权私人收益。梅克林（Meckling，1976）认为控制权私有收益是企业高管人员享受的各项在职消费，对企业资源的利己分配及获取的职业声誉等非直接货币性收益。创业企业家通过获取控制权提升在职消费水平获取私人收益，本书以企业家的在职消费衡量控制权私人收益的大小。沿用陈冬华等（2005）使用的方法，以企业年报中"支付的其他与经营活动相关的现金流出"项目作为创业企业家在职消费的代理变量。该项目包含了与高管在职消费相关的八类费用，高管人员可通过这八类费用报销私人支出，是获取控制权私人收益的捷径。

（2）CVC 战略收益（strategic benefits，SB）。公司创业投资越来越多地被认为是已具规模的上市企业进行外部研发以促进创新发展及战略更新的重要途径。克里斯蒂安娜·韦伯和芭芭拉·韦伯（2005）以量表的形式，从技术发展窗口作用、技术平台利用效率等方面测度 CVC 战略收益。CVC 母公司主要通过向创业企业派驻管理人员参与创业企业的经营管理，这些高管人员对创业企业的创新项目及生产过程有充分的了解。高管人员的办公费、差旅费、通信费、业务招待费等在职消费由"支付的其他与经营活动相关的现金流出"项目收集，这些费用在一定程度上体现着高管人员对创新项目的了解程度，获取的关于新技术的信息越多，CVC 母公司利用资源开拓新市场的机会越大。同时，为更加准确地在实证过程中比较创业企业家私人收益和 CVC 战略收益的大小，本书借鉴陈冬华等（2005）的研究，以 CVC 母公司年报中披露的"支付的其他与经营活动相关的现金流出"项目作为 CVC 战略收益的替代变量。

以上变量设计见表 6-1。

**表 6-1** 变量设计

| 变量类别 | 变量名称 | 符号 | 测量方式 |
|---|---|---|---|
| 因变量 | 剩余控制权 | RCR | CVC 在创业企业拥有的董事会席位比例、执行董事席位比例、监事会席位比例这 3 个指标的算术平均数 |
| | 特定控制权 | SCR | CVC 母公司向创业企业派驻的管理人员的自然对数 |
| 自变量 | 技术契合度 | TF | 证监会 2012 年公布的《上市公司行业分类指引》CSRC 行业分类编码,以行业编码间的一致性程度计算 |
| | 创业企业家剩余索取权 | ERC | 高管持股比例 |
| | CVC 剩余索取权 | CRC | CVC 持股比例 |
| 控制变量 | 创业企业规模 | Esize | 创业企业期末总资产常对数 |
| | 创业企业年龄 | Eage | 创业企业成立年份到研究年份的时间长度 |
| | CVC 母公司规模 | Csize | CVC 母公司期末总资产常对数 |
| | CVC 母公司年龄 | Cage | CVC 母公司成立年份到研究年份的时间长度 |
| | 地区差异 | Area | 创业企业与 CVC 母公司处于同一地区取值为 1,处于不同地区取值为 0 |
| 分组变量 | 创业企业家私人收益 | PB | 创业企业现金流量表中"支付的其他与经营活动相关的现金流出" |
| | CVC 战略收益 | SB | CVC 母公司现金流量表中"支付的其他与经营活动相关的现金流出" |

## 5. 模型设计

为检验创业企业与 CVC 母公司之间的技术契合度对创业企业剩余控制权与特定控制权的影响,构建如下模型。为检验技术契合度与剩余控制权之间的非线性关系,在控制权配置模型中加入技术契合度的平方项。

$$RCR_{u,t} = \alpha_0 + \alpha_1 Esize_{u,t} + \alpha_2 Eage_{u,t} + \alpha_3 Csize_{u,t} + \alpha_4 Cage_{u,t} + \alpha_5 Area_{u,t} +$$
$$\alpha_6 ERC_{u,t} + \alpha_7 CRC_{u,t} + \alpha_8 TF_{u,t} + \alpha_9 TF_{u,t}^2 + \varepsilon_{u,t} \qquad (6-6)$$

$$SCR_{u,t} = \beta_0 + \beta_1 Esize_{u,t} + \beta_2 Eage_{u,t} + \beta_3 Csize_{u,t} + \beta_4 Cage_{u,t} + \beta_5 Area_{u,t} +$$
$$\beta_6 TF_{u,t} + \beta_7 ERC_{u,t} + \beta_8 CRC_{u,t} + \varepsilon_{u,t} \qquad (6-7)$$

# 6.3　实证分析与结果

采用 Excel 进行原始数据的处理，用 Stata 对研究假设进行多元回归分析，由于本研究数据为非平衡面板数据，采用面板数据分析方法估计各参数。

## 6.3.1　描述性统计和相关性分析

本研究主要变量的描述性统计和相关系数如表 6-2 所示。创业企业与 CVC 母公司之间的技术契合水平均值为 0.8，可见 CVC 母公司与其投资企业间的技术契合度不高，我国 CVC 母公司更倾向于对不相关行业进行多元化投资。投资者拥有的剩余控制权和剩余索取权的平均值分别为 0.9 和 0.6，企业家和投资者拥有的剩余索取权均值为 0.8 和 0.7，CVC 母公司享有的剩余索取比例低于企业家。且一般认为相关系数达到 0.5 时变量中度相关，超过 0.8 时变量高度相关，可能存在多重共线性问题。表 6-2 为主要变量的相关系数，发现各变量间不存在多重共线性问题。

表 6-2　　　　　　　　　　变量的描述性统计与相关系数

| 变量 | 均值 | 标准差 | 最小值 | 最大值 | TF | RCR | SCR | ERC | CRC | Esize | Eage | Csize | Cage |
|---|---|---|---|---|---|---|---|---|---|---|---|---|---|
| *TF* | 0.278 | 0.368 | 0.000 | 1.000 | 1.000 | | | | | | | | |
| *RCR* | 0.049 | 0.068 | 0.000 | 0.733 | 0.011 | 1.000 | | | | | | | |
| *SCR* | 0.026 | 0.132 | 0.000 | 0.693 | 0.112 | 0.083 | 1.000 | | | | | | |
| *ERC* | 0.148 | 0.182 | 0.000 | 0.656 | -0.095 | -0.125 | -0.044 | 1.000 | | | | | |
| *CRC* | 0.067 | 0.054 | 0.005 | 0.271 | 0.018 | 0.335 | -0.018 | -0.148 | 1.000 | | | | |
| *Esize* | 9.125 | 0.339 | 8.340 | 10.280 | 0.117 | -0.127 | -0.004 | -0.115 | -0.236 | 1.000 | | | |
| *Eage* | 9.216 | 4.472 | 1.000 | 22.000 | -0.026 | 0.003 | -0.115 | 0.046 | 0.025 | -0.031 | 1.000 | | |
| *Csize* | 9.846 | 0.577 | 8.470 | 11.510 | -0.058 | 0.009 | -0.092 | 0.083 | 0.061 | 0.081 | 0.251 | 1.000 | |
| *Cage* | 15.412 | 4.475 | 4.000 | 28.000 | -0.246 | -0.028 | 0.131 | 0.166 | -0.063 | -0.089 | 0.128 | 0.132 | 1.000 |

### 6.3.2 多元回归结果分析

#### 1. 剩余控制权多元回归结果分析

表 6-3 为对创业企业剩余控制权进行回归分析的结果，列（1）至列（3）为 CVC 战略收益小于企业家私人收益时的回归结果，列（4）至列（6）为 CVC 战略收益大于企业家私人收益时的回归结果。通过豪斯曼检验，研究选择随机效应模型进行实证检验。

列（1）中仅考虑了控制变量对剩余控制权的影响，发现各控制变量没有显示出显著的影响。列（2）在列（1）的基础上加入技术契合度、创业企业家剩余索取权及 CVC 的剩余索取权，$R^2$ 从 0.6 升至 0.1，模型解释能力显著提升。CVC 剩余索取权与其对创业企业的剩余控制权在 1% 水平上显著正相关，说明 CVC 对创业企业的剩余控制权与剩余索取权是对称的。创业企业与 CVC 母公司之间的技术契合度与 CVC 获得的剩余控制权正相关，但没有通过显著性检验。列（3）在列（2）的基础上加入去中心化处理后的技术契合度平方项，$R^2$ 从 0.1 升至 0.3，模型解释能力增加。CVC 母公司规模与 CVC 获得的剩余控制权分别在 5% 水平上正相关，CVC 母公司年龄与 CVC 获得的剩余控制权在 5% 水平上负相关。技术契合度的一次项与投资者拥有的剩余索取权在 5% 的水平上正相关，去中心化处理后的技术契合度平方项与投资者拥有的剩余索取权在 5% 的水平上负相关，说明当 CVC 战略收益小于企业家私人收益时，CVC 获得的剩余控制权与双方技术契合度呈非线性倒 U 型关系，与前文研究假设一致。

列（4）仅考虑了控制变量对剩余控制权的影响，发现创业企业规模与投资者获得的剩余控制权在 5% 水平上显著负相关，说明创业企业规模越大，越不利于 CVC 获得创业企业的剩余控制权，其余控制变量没有显示出显著的影响。列（5）在列（6）的基础上加入技术契合度、创业企业家剩余索取权及 CVC 的剩余索取权，$R^2$ 从 0.3 升至 0.4，模型解释能力显著提升。CVC 剩余索取权与其对创业企业的剩余控制权在 5% 水平上显著正相关，企业家剩余索取权与 CVC 对创业企业的剩余控制权在 5% 水平上显著负相关，创业企业与 CVC 母公司之间的技术契合度与 CVC 获得的剩余控制权负相关，但没有通过显著性检验。列（6）在列（5）的基础上加入去中心化处理后的技术契合度平方项，$R^2$ 从 0.104 升至 0.120，模型解释能力增加。技术契合度的一次项与投资者拥有的剩余索取权在 10% 的水平上显著负相关，去中心化处理后的技术契合度平方项与投资者拥有的剩余索取权在 5% 的水平上显著正相关，这说明当 CVC 战略收益大于企业家私人收益时，CVC 获得的剩余控制权与双方技术契合度呈非线性 U 型关系，与研究假设一致。

表 6 – 3　　　　　　　创业企业剩余控制权治理回归结果分析

| 变量 | 剩余控制权 | | | | | |
| --- | --- | --- | --- | --- | --- | --- |
| | 投资者私人收益小于企业家私人收益 | | | 投资者私人收益大于企业家私人收益 | | |
| | (1) | (2) | (3) | (4) | (5) | (6) |
| $Esize$ | - 0.029<br>( - 1.11) | 0.004<br>(0.24) | 0.013<br>(0.74) | - 0.042 **<br>( - 2.19) | - 0.033 *<br>( - 1.67) | - 0.041 **<br>( - 2.09) |
| $Eage$ | 0.001<br>(0.21) | 0.001<br>(0.57) | 0.002<br>(1.46) | 0.001<br>(0.28) | $0.002 * 10 - 1$<br>(0.16) | 0.001<br>(0.41) |
| $Csize$ | 0.045<br>(1.28) | 0.221<br>(1.05) | 0.041 **<br>(1.92) | 0.01<br>(0.95) | 0.01<br>(1.02) | 0.011<br>(1.10) |
| $Cage$ | - 0.004<br>( - 1.21) | - 0.002<br>( - 1.31) | - 0.006 **<br>( - 2.44) | - 0.001<br>( - 0.97) | $- 0.002 * 10 - 1$<br>( - 0.19) | - 0.001<br>( - 0.57) |
| $Area$ | 0.024<br>(0.85) | - 0.008<br>( - 0.46) | - 0.018<br>( - 1.09) | 0.02<br>(1.41) | 0.009<br>(0.64) | 0.013<br>(1.01) |
| $TF$ | | 0.053<br>(1.36) | 0.190 **<br>(2.17) | | - 0.007<br>( - 0.41) | - 0.040 *<br>( - 1.81) |
| $ERC$ | | - 0.022<br>( - 1.17) | - 0.017<br>( - 0.78) | | - 0.058 **<br>( - 2.07) | - 0.055 *<br>( - 1.95) |
| $CRC$ | | 0.657 ***<br>(4.10) | 0.640 ***<br>(4.23) | | 0.281 **<br>(2.11) | 0.262 *<br>(1.94) |
| $TF^2$ | | | - 0.288 *<br>( - 1.70) | | | 0.113 **<br>(1.98) |
| N | 49 | 49 | 49 | 242 | 242 | 242 |
| $R^2$ | 0.056 | 0.561 | 0.653 | 0.033 | 0.104 | 0.120 |
| Hausman 检验 | 采用 RE<br>(P = 0.6716) | 采用 RE<br>(P = 0.5871) | 采用 RE<br>(P = 0.3297) | 采用 RE<br>(P = 0.1477) | 采用 RE<br>(P = 0.0598) | 采用 RE<br>(P = 0.0643) |

注：* 、** 、*** 分别表示 10% 、5% 、1% 的显著性水平，表中数据为变量回归系数，括号内为 Z 值。

Hausman 检验：若 P > 0，则接受原假设，即采用随机效应模型（RE），否则采用固定效应模型（FE）。

### 2. 特定控制权多元回归结果分析

表 6-4 是 CVC 母公司与创业企业间的技术契合度对特定控制权治理的多元回归结果。列（1）仅研究了控制变量对 CVC 拥有的特定控制权的影响，发现创业企业年龄与投资者拥有的特定控制权在 10% 水平上显著负相关，其余控制变量不显著。列（2）在列（1）的基础上加入企业家剩余索取权、CVC 剩余索取权及 CVC 母公司和创业企业间的技术契合水平，结果显示创业企业年龄与投资者拥有的特定控制权在 10% 的水平上显著负相关，CVC 母公司年龄与投资者拥有的特定控制权在 10% 的水平上显著正相关，说明 CVC 母公司成立时间越久，越有助于 CVC 获得创业企业的特定控制权。CVC 母公司与创业企业间的技术契合度与 CVC 拥有的特定控制权在 10% 的水平上显著正相关。

表 6-4　　　　　　　创业企业特定控制权多元回归分析结果

| 变量 | 特定控制权 | |
|---|---|---|
| | （1） | （2） |
| $Esize$ | 0.014<br>(0.43) | 0.008<br>(0.27) |
| $Eage$ | −0.004<br>(−1.84) | −0.004<br>(−1.89) |
| $Csize$ | −0.018<br>(−1.53) | −0.018<br>(−1.48) |
| $Cage$ | 0.005<br>(1.32) | 0.007<br>(1.73) |
| $Area$ | −0.012<br>(−0.55) | −0.033<br>(−1.27) |
| $TF$ | | 0.058<br>(1.81) |
| $ERC$ | | −0.105<br>(−1.05) |
| $CRC$ | | 0.138<br>(0.61) |
| N | 291 | 291 |

续表

| 变量 | 特定控制权 | |
| --- | --- | --- |
| | （1） | （2） |
| $R^2$ | 0.043 | 0.066 |
| Hausman 检验 | 采用 RE （P = 0.5984） | 采用 RE （P = 0.5118） |

注：*、**、*** 分别表示 10%、5%、1% 的显著性水平，表中数据为变量回归系数，括号内为 Z 值。

Hausman 检验：若 P > 0.1，则接受原假设，即采用随机效应模型（RE），否则采用固定效应模型（FE）。

### 6.3.3　稳健性检验

#### 1. Heckman 样本选择模型

由于 CVC 投资创业企业可能存在自选择问题，本书借鉴黄小琳和陈栋等人的方法，使用 Heckman 二阶段模型处理样本选择偏差问题。根据技术契合度是否为 0 设定虚拟变量 TEF，如果技术契合度为 0，则 TEF 取值为 0；如果技术契合度为非 0，则 TEF 取值为 1。依据国家统计局年公布的《高技术产业统计分类目录》加入 CVC 母公司与被投资企业是否属于高新技术产业的虚拟变量 INDC 和 INDE，CVC 母公司属于高技术产业，INDC 取值 1，否则为 0；被投资企业属于高技术产业，INDE 取值 1，否则为 0。第一阶段设置模型如下：

$$TEF_{u,t} = \alpha_0 + \alpha_1 Esize_{u,t} + \alpha_2 Eage_{u,t} + \alpha_3 Csize_{u,t} + \alpha_4 Cage_{u,t} + \alpha_5 Area_{u,t} +$$
$$\alpha_6 INDC_{u,t} + \alpha_7 INDE_{u,t} + \varepsilon_{u,t} \tag{6-8}$$

根据第一阶段模型预测结果计算出逆米尔斯系数（IMR），在主回归模型式（6-6）和式（6-7）中加入 IMR 作为模型的控制变量，克服样本自选择问题。由表 6-5 的结果可得，主要变量的符号和显著性与表 6-3 和表 6-4 中的结果一致。

**表 6-5　　创业企业两类控制权多元回归分析稳健性检验**

| 变量 | 剩余控制权 | | | | 特定控制权 |
| --- | --- | --- | --- | --- | --- |
| | 投资者私人收益小于<br>企业家私人收益 | | 投资者私人收益大于<br>企业家私人收益 | | |
| Esize | 0.006<br>(0.34) | 0.015<br>(0.82) | -0.033<br>(-1.56) | -0.041 *<br>(-1.94) | 0.011<br>(0.38) |

续表

| 变量 | 剩余控制权 | | | | 特定控制权 |
|---|---|---|---|---|---|
| | 投资者私人收益小于<br>企业家私人收益 | | 投资者私人收益大于<br>企业家私人收益 | | |
| Eage | 0.001<br>(0.91) | 0.003 **<br>(2.08) | $0.207 * 10^{-3}$<br>(0.13) | 0.001<br>(0.37) | −0.006 **<br>(−2.14) |
| Csize | 0.009<br>(1.03) | 0.017 *<br>(1.82) | 0.005<br>(1.04) | 0.005<br>(1.13) | −0.006<br>(−1.31) |
| Cage | −0.003<br>(−1.12) | −0.007 ***<br>(−2.63) | $−0.118 * 10^{-3}$<br>(−0.08) | −0.001<br>(−0.39) | 0.010 **<br>(1.98) |
| Area | 0.002<br>(0.05) | −0.008<br>(−0.29) | 0.008<br>(0.47) | 0.012<br>(0.78) | −0.055 *<br>(−1.29) |
| TF | 0.058<br>(1.16) | 0.194 **<br>(2.32) | −0.007<br>(−0.44) | −0.040 *<br>(−1.76) | 0.046 *<br>(1.66) |
| ERC | −0.020<br>(−1.03) | −0.015<br>(−0.69) | −0.058 **<br>(−2.10) | −0.056 **<br>(−2.00) | −0.110<br>(−1.11) |
| CRC | −0.670 ***<br>(3.92) | 0.658 ***<br>(3.97) | 0.280 **<br>(2.10) | 0.260 *<br>(1.93) | 0.125<br>(0.56) |
| $TF^2$ | | −0.287 *<br>(−1.66) | | 0.114 **<br>(1.99) | |
| IMR | 0.018<br>(0.38) | 0.020<br>(0.49) | −0.001<br>(−0.06) | −0.001<br>(−0.06) | −0.047<br>(−1.19) |
| 样本数 | 49 | 49 | 242 | 242 | 291 |

注：*、**、*** 分别表示 10%、5%、1% 的显著性水平，表中数据为变量回归系数，括号内为 Z 值。

## 2. 其他代理变量

研究通过更换变量的方式进行稳健性检验（见表 6 − 6），使用国家统计局公布的 2017 年《国民经济行业分类》（GB/T 4754 − 2017）中的五位行业代码计算 CVC 母公司与其投资企业间的技术契合水平，使用创业企业的董事会持股数量测定创业企业家剩余索取权，重复上述步骤对模型进行回归。主要变量的符号和显著性没有发生变化，结论与前文基本一致，说明研究结果是稳健的。

表 6 - 6　　　　　　　创业企业两类控制权多元回归分析稳健性检验

| 变量 | 剩余控制权 | | | | 特定控制权 |
|---|---|---|---|---|---|
| | 投资者私人收益小于企业家私人收益 | | 投资者私人收益大于企业家私人收益 | | |
| Esize | 0.021 (1.22) | 0.028 * (1.87) | − 0.033 * ( − 1.74) | − 0.038 * ( − 1.90) | 0.010 (0.30) |
| Eage | − 0.001 ( − 0.76) | − 0.001 ( − 0.92) | − 2.05 ( − 0.03) | $0.004*10^{-2}$ (0.03) | − 0.005 * ( − 1.93) |
| Csize | 0.014 (0.73) | 0.021 (1.26) | 0.009 (0.88) | 0.007 (0.76) | − 0.021 * ( − 1.65) |
| Cage | − 0.001 ( − 0.62) | − 0.002 ( − 1.16) | $0.043*10^{-2}$ (0.40) | $− 0.403*10^{-5}$ ( − 0.00) | 0.007 * (1.87) |
| Area | − 0.031 * ( − 1.82) | − 0.042 *** ( − 2.75) | 0.005 (0.40) | 0.01 (0.81) | − 0.041 ( − 1.43) |
| TF | 0.119 *** (2.62) | 0.205 *** − 3.61 | 0.014 (0.70) | − 0.025 ( − 0.86) | 0.117 ** (2.32) |
| ERC | − 0.039 ( − 1.32) | − 0.041 ( − 1.37) | − 0.050 ( − 1.46) | − 0.051 ( − 1.53) | − 0.065 ( − 0.83) |
| CRC | 0.711 *** (4.74) | 0.677 *** (5.52) | 0.275 ** (2.01) | 0.262 * (1.84) | 0.116 (0.54) |
| $TF^2$ | | − 0.281 * ( − 1.80) | | 0.100 * (1.73) | |
| N | 49 | 49 | 242 | 242 | 291 |
| $R^2$ | 0.672 | 0.719 | 0.111 | 0.13 | 0.103 |
| Hausman 检验 | 采用 RE (P = 0.4240) | 采用 RE (P = 0.5885) | 采用 RE (P = 0.0807) | 采用 RE (P = 0.0829) | 采用 RE (P = 0.2987) |

　　注：*、**、*** 分别表示10%、5%、1%的显著性水平，表中数据为变量回归系数，括号内为 Z 值。

　　Hausman 检验：若 P > 0，则接受原假设，即采用随机效应模型（RE），否则采用固定效应模型（FE）。

# 6.4 研究结论

研究以 2004~2014 年中小板和创业板上市公司为样本，研究 CVC 母公司与创业企业间的技术契合水平对创业企业两类控制权的影响。研究结果表明，当 CVC 战略收益较小、创业企业家私人收益较大时，双方技术契合度与 CVC 获得的剩余控制权呈非线性倒 U 型关系；当 CVC 战略收益较大，创业企业家的私人收益较小时，双方技术契合度与 CVC 获得的剩余控制权呈非线性 U 型关系。CVC 获得的特定控制权与双方的技术契合度正相关。

# 第 7 章 公司创业投资组合多元化
与生态链企业价值创造

生态链作为一种崭新的投资模式，其上下游的企业有着不同的工作内容，它们的技术、知识等资源禀赋也有着不同的特点和差异，若能够以一种协作的形式开展技术变革与创新，将外部资源内部化，清晰分工、优势互补，就可以减少研发投资的周期，提升研发的效率，从而推动创新的产生。

公司创业投资（CVC）是企业价值的一个重要来源，它能促进 CVC 母公司的价值增值，同时为被投资创业企业带来丰富的创业资源。本章从 CVC 母公司和被投资创业企业两个主体，探索 CVC 投资组合多元化对创业企业价值创造的影响机制，重点分析其价值外溢在多元化和创业企业价值间的中介效应和地域的调节效应。本章研究基于沪深主板上市企业投资的 CVC 项目，对创业企业的投资样本构成的非平衡面板数据进行实证研究得出如下结论。（1）CVC 投资组合多元化与被投资创业企业价值之间呈线性正相关关系，并且母公司价值溢出在其中起着中介作用。（2）CVC 投资组合多元化与母公司价值之间呈U 型关系。（3）地理位置接近性在母公司价值与多元化间以及母公司价值与初创公司价值间起正向调节作用。

## 7.1 理论分析与研究假设

### 7.1.1 CVC 投资组合多元化与创业企业价值

CVC 投资组合的多元化主要体现在技术关联性或行业关联性方面。在技术多元化或行业多元化的情况下，多元组合中的技术和产业相互作用对公司价值产生影响（Vassolo，Anand and Folta，2004）。CVC 活动可以为不同行业的初创企业提供多种服务和支持。创业企业可以获得母公司的器材器械、顾客、合作伙伴、品牌红利，并学习 CVC 母公司成熟的经验来构建、出售或服务于自身产品（Colombo and Murtinu，2017）。多元化使新的企业能够实现资源的共享与补充，通过母公司来协调各种实验室、基础设施、销售渠道等。创业公司也可以从母公司的策略指导和运作支持模式中吸取各行业在组合中的经验，从而增加创业的成功概率。此外，CVC 投资的新创的公司可以以母公司为中心，形成一个向心性的创新网络，这对各产业的创业者来说是非常有益的，母公司可以向组合中的成员提供更好的建议和指导（Basu，Phelps and Kotha，2011）。作为投资组合的一分子，每个创业企业都有机会访问内部信息网络。他们与组合中其他创业企业的联系可能会产生一些关于不同的行业和产品市场的内部知识，创业企业可以利用这些信息来制定更好的业务战略，更有效地进行产品开发和市场竞争。科尔曼（Coleman，1994）认为高密度的创新网络会增加网络内公司的交流，从而使信息资源更好地被传播利用，增强了企业间吸收、整合、加工、开发有价值信息和互补性知识的能力。CVC 活动将创业企业与其母公司的各种业务部门联系起来，并帮助他们建立合作关系。

对创业企业而言，多元化可以提高合伙人分享知识和减少自我保护的意愿。在相似的专业领域，知识基础具有可替代性（Stuart and Podolny，1996）。如果所投资的企业没有差异性，那么类似的知识系统就会导致被投企业之间的竞争，这样就会增强其对知识的保护（Dushnitsky and Shaver，2009）。所以，多元化的降低会给投资组合公司关系带来负面影响，会减少知识流的数量和质量，从而不利于公司的发展。相反，多样性会使合伙人之间促进知识的分享，达到一个知识互补的效应，因为他们不会担心通过同一个投资者把知识泄露给组合中的其他公司（Khanna et al.，1998），因此组合内创业企业可以通过多元化知识技术的互补，提升自我价值。

因此，提出如下研究假设。

H7 - 1：CVC 投资组合多元化对被投资创业企业价值具有显著的正向影响。

## 7.1.2　CVC 投资组合多元化与母公司价值

投资组合多元化对母公司价值的影响分为两方面。一方面，非多样化的状况有助于 CVC 的母公司增值，也就是说，多样化的投资组合会对 CVC 的价值产生不利的影响。第一，共享相关的战略资源可以在不同的商业领域中发挥协同作用（Tanriverdi and Venkatraman，2005），实现范围经济。同样，在 CVC 投资在同一或相似的产业中的初创公司，有利于共享公共资源和重新分配

（Vassolo et al.，2004）。投资者在投资组合中将以规模报酬、经验分享等方式实现协同作用，产生"1+1＞2"的组合效应。第二，CVC 在类似的产业上进行投资可以提高学习的效率。在同一产业环境中，每个 CVC 的投资活动都可以从其他成功和失败案例中吸取教训，快速识别和总结有用的资讯，并对将来的收益做出一个粗略的预估。反之，多元化的投资组合中，投资者投资的新兴产业或技术不同或相互关联程度较低，则上述优点将会减少。第三，在多元化程度不断提高的同时，也存在着不对称性，这给 CVC 管理者的认知能力和对现有资源的管理提出了挑战，会造成信息超载和混乱，使资源的分配效率下降（Harris et al.，1982）。

　　另一方面，多元化的投资组合也会给母公司带来许多正面影响。首先，投资过于单一时，难以打破瓶颈发生创新的质变（Ahuja and Katila，2001），但是投资种类丰富时，由于互补，可以碰撞出创新的火花。比如，某行业缺乏的新技术能够在别的行业里发现替代品。投资于多种行业，可以使母公司的眼界更开阔，并成为获得行业前沿信息技术的新途径，从而实现探索性创新。不仅如此，投资组合多样化还丰富了来自各个行业的知识积累，多样化的知识储备有助于寻找更多的机会和途径来处理不确定的问题（Matusik and Fitza，2012）。所以，随着多元化程度的不断提高，创新探索行为、资源与知识的积累与补充能够推动公司的增值。其次，根据投资组合的基本原理，多元化可以有效地降低非系统性风险，从而降低 CVC 的总体风险。汉恩等人（Hann et al.，2013）在相关的研究中认为，企业通过采用多样化的战略可以减少企业的系统性风险，从而避免不必要的反周期亏损。CVC 的多元化投资经历使 CVC 经理能够在保持资产配置多样化的同时降低风险水平（万坤扬，2015）。与同一产业的单一投资方式相比，CVC 项目在开发过程中更能发现、吸纳和运用新的研究机遇，并且可以在一定程度上避免风险，实现预期的回报。因为二者关系并非单调的，多元化程度到达阈值后才能起到理想的作用（Haleblian et al.，1999）。

　　综上所述，一方面，投资的单一简单化可以带来资源的协同作用，在非多元化的情况下，资源配置更加高效，企业间相互学习也更加方便易行，但同时也存在着知识储备不足、类型单一等缺陷。另一方面，多元化程度提升可以带来企业学习行为的创新探索、各行业知识的积累，通过降低风险、加强经营管理等优势，积极推动 CVC 母公司的增值。因此，在多元化程度达到一定程度以前，多元化程度越高，其不利影响就越大，进而对公司发展不利；超过此界限后，多元化的优势逐步显现，超越早期多元化的不利因素，推动公司增值。

因此，CVC 投资组合多元化与母公司的价值也许具有 U 型关系，提出以下假设。

H7 - 2：CVC 投资组合多元化与母公司价值呈 U 型关系。

### 7.1.3 母公司价值溢出在多元化与创业企业价值之间的中介作用

在 CVC 活动中，母公司运用其资本与能力，对初创企业进行培育与发展，为其提供技术与研发支持、产品开发协助、制作能力、市场资源及社会网络等互补性资源，以推动企业价值增值（Chemmanur et al.，2011），这样可以帮助初创企业快速拓展业务，开拓市场，提升其价值。不同的母公司，其资源的基础是不同的，克尼普索劳夫塞布（Knyphausenaufseb，2005）通过对不同类型 CVC 母公司所拥有的异质性资源进行分析，发现他们赋予被投资企业的增值服务也有着较大的异质性。万坤扬（2015）指出，自身价值较低的母公司，因其自身的知识和能力不足，无法发现新的机遇，无法吸收、整合 CVC 的新"技术窗口"和"业务窗口"；而高附加值的母公司则具备更高的认知力和综合能力，可以对新创企业进行精准的辨识，为双方提供发展机遇。

高价值水平的母公司拥有良好的品牌信誉与丰富的经验，可以为新的初创公司提供信誉和信贷保证（Ivanov and Xie，2010）。这些母公司通常在各自的行业中扮演着重要的角色，他们作为投资者，可以为初创公司向外传递积极的信号，有利于初创公司建立潜在关系网，拥有更多的客户与合作伙伴，帮助它们在资本市场上实现更大的竞争力（Chemmanur et al.，2011）。此外，母公司自身的实力也会影响到它所能提供的资源的质量与数量，进而对初创公司价值产生影响。本身具有高价值的母公司可以凭借其强大的实力，提供更多资金以及更高品质、更具互补性的资源给初创公司，其增值服务也更能促进初创公司增值（万坤扬，2014）。

本书对假设 H7 - 1、假设 H7 - 2 进行了实证研究，认为母公司的价值外溢在公司多元化和公司价值之间具有中介效应。多元化会对 CVC 的母公司产生影响，同时，母公司能支持互补资源如创新设备、销售路径、创新技术以及品牌价值等（Colombo and Murtinu，2017），还能对公司战略进行指导，教授成熟的营运经验（万坤扬，2015），进而促进初创公司增值。故而，很大概率上，多元化是先对母公司增值起到促进效果，然后借助母公司价值外溢这一中介变量对初创公司产生积极影响。因为多元化显著影响 CVC 投资者，所以当投资者通过多元化获得投资收益时，母公司就会从各个产业中获得更多的产品和技术，从而提高其母公司的运营能力、产品服务、品牌知名度等（Yang and Narayanan，2014），因此，母公司为每个创业公司提供的互补资源也会随之改变，最终形成了一个由初创公司构建的创新关系网，网络的形成促进了资源的流动与整合，初创公司通过学习母公司的长处，深度参与价值网络并持续学习知识（Fan，2017）。另外，多元化的投资组合在投资公司与被投资公司间产生协同效应，若投资母公司和初创公司具有战略合作关系，那么初创公司的价值增长效果就会更加显著，而且这种增长并非完全来源于 CVC 优秀的项目选择能力（徐子尧，2016）。CVC 母公司为了达到战略目的，将更加主动地投入创业企业的经营之中，并运用自身发展过程中积累的丰富的成功经验，引导其发展壮大（Masulis and Nahata，2009）。因此，多元化对母公司的价值外溢作用会促使其在多元化组合中实现知识的补充与分享。

本书将母公司价值作为多元化对创业公司价值的中介变量，以检验其溢出作用能否在多元化与初创公司价值间插入中介效应，提出如下研究假设。

H7 - 3：母公司对创业企业有正向价值溢出作用。

H7 - 4：多元化可以利用 U 型曲线的作用来提高新创企业的市值，进而提高新创企业的市值。

### 7.1.4　地域接近性的双边调节作用

母公司进行 CVC 活动的一个关键目的就是从外部汲取前沿技术与知识（Keil，Zahra and Maula，2004），因此，地理位置接近有助于企业更好地开展企业的创新搜索与组织学习，有助于企业发现新的商机，拓展新的商业关系。地理上的邻近有利于双方的沟通，促进双方知识、技能和信息的交流和合作，从而促进企业组织知识的外溢（Torre and Gilly，2000），获取更多的信息和知识，以提升公司的价值。尽管现代通信技术的发展已经在某种程度上消除了地域隔离所带来的信息交流壁垒，但是高科技产业的地域集聚趋势显示，在研究和开发投入中，了解知识的源头是非常关键的（Agrawal，Cockburn and Mchale，2006）。琼森（Jonsson，2002）发现，随着资讯通信技术的进步，企业可以进行长距离的沟通与销售，但他也认为线上通信难以取代线下的当面沟通，隐性知识的交流学习会受位置距离的影响。知识有显性与隐性的，显性知识可以由书本、视频等媒介传播，但隐性知识嵌入个体，很难通过网络通信进行传递，故而网络通信只能传递显性知识，而隐性知识则需要通过个体当面沟通来实现。

供给互补性资产是 CVC 的主要机制，投资组合多元化对互补性资产的供给贡献巨大，地域相近程度也会对互补资产的供应产生影响，因此，本书认为，多元化对母公司价值的 U 型效应受到了距离的影响。在多元化程度偏低的情况下，区域的贴近度越高，对知识尤其是隐性知识的流动越有利。隐性知识的传播有利于在语言、文化、习惯和显性知识的共同编码中形成共同的语言、文化和习惯，进而减少交易费用，提升企业吸收外溢知识的效率。此外，较短的地理距离可以促进企业的交流与连接，使双方多了当面沟通的时机，进而加深双方在无合同情况下的信任，并实时监测市场动态和技术变化，以降低信息不对称性。如果距离较远，那么母公司想要从企业之外获得创新知识就会变得更加困难，交易费用和信息不对称加剧了多元化对母公司价值的消极作用。多元化水平较高时，越短的地理距离越有利于获得互补资源。加里多和杜什尼茨基（2016）研究美国生物医药行业后指出，地理位置间隔较大会限制阶段实验室的发现与使用，而地理位置间隔较小时，母公司获得源自多样化的产业组合中的各类行业的创新知识可使内部研发支出减少，因此可以节约成本。相近的地理距离使得 CVC 的母公司和被投资公司的研发人员的联系更加紧密。卡塔利尼（2017）发现，当研究人员彼此邻近时，突破创新的概率就越大，从而有助于增强对新兴技术的多元化探索，为母公司的发展带来更大的发展机遇。基于此，提出以下研究假设。

H7-5：地域相近与母公司的价值呈 U 型关系，并显著正相关，说明企业的地理位置越近，多元化对母公司价值的积极作用越大。

母公司为初创企业提供互补资产，从而为其发展提供支撑，而地域距离的远近则会对互补资产的获取产生影响。本研究认为地理位置的接近性在投资公司价值与初创公司价值间存在调节效应，也就是说，较近的位置便利了初创公司从母公司处汲取资源知识，即初创公司可以更好利用母公司的基础设施、销售路径、创新技术以及品牌效应等，同时也可以参考母公司的商业行为来构建、出售或服务于自身产品。此外，通过与初创企业短距离的交流，母公司可以为创业企业提供战略指导和营运支持，以提升创业企业的成功概率，地理位置的接近性使母公司对创业企业的价值溢出效应更为显著。而地理位置较远不但会增加创业企业获得互补性资源的交易成本，而且会阻碍双边企业的交流与联络，使母公司对新创企业的价值外溢作用减少。故而，位置越接近，投资企业的价值溢出对被投资公司的作用更显著。基于此，提出以下研究假设。

H7-6：地域接近性在母公司价值与创业企业价值间起正向调节作用，即地理位置越近，投资公司对被投资公司的溢出效应的正面影响越大。

综上所述，研究的理论模型如图 7 - 1 所示。

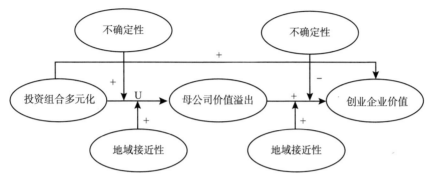

图 7 - 1　理论模型

## 7.2　研 究 方 法

本章研究以 2003 ~ 2015 年沪深主板、创业板和中小板的 A 股企业作为样本。样本来源有启信宝网、投资界网站、巨潮资讯网、CSMAR 数据库和私募通数据库等。

上市公司参与 CVC 的方式主要有三种：参股、控股和独立成立创投机构。研究按以下两种方式来查找从事 CVC 投资的上市公司。

（1）从巨潮资讯网上披露的公司年度报告中查阅有关子公司的投资设立以及长期股权投资的资料；根据启信宝网站披露的公司基础资料，查明投资公司的主营业务是否包括创业投资或风险资本，以判断其是否参与了 CVC 的实际运作。根据上市公司在巨潮信息网披露的上市公司年报、投资界网站和私募基金数据库进行详细的调查和补充。

（2）通过对上市公司年报、国泰安数据库等资料的分析，选取三种不同的样本，考察十大股东，筛出达到以下两个条件的企业：一是公司包含创投机构，但由大公司控股或参股；二是控股和参股的都是上市公司。

除此之外，下列条件也需要达到：剔除金融类企业；剔除 IPO 三年内没有都得到 CVC 投资的企业；剔除已退市的、数据不全的或 ST 类的上市公司；剔除同一项目只投资一家的企业。鉴于房地产业参与 CVC 活动主要是为了获得经济利益，与本书所述的企业投资是基于战略目标而进行的不符，故剔除房地产企业。最后，选取 49 家作为母公司、142 家被投资的上市公司作为样本，构建非平衡面板数据。

## 7.3 实证模型

研究分两部分考察了多元化对双边公司价值的作用机理，其一考察了多元化对双边公司价值的影响，探讨了母公司价值外溢对新创公司价值的中间效应，其二考察了地理相近性在中介作用中起到的调节效应。

先用最常见的逐步法进行研究（Baron and Kenny，1986；温忠麟等，2005），依据三步法则，构建多元化、母公司价值溢出、创业企业价值的中介模型，见式（7-1）至式（7-3），以式（7-4）用来检验母公司对创业企业的价值溢出效应。

$$Y = c + c \cdot X + e \qquad (7-1)$$
$$M = a + a \cdot X + a \cdot X + e \qquad (7-2)$$
$$Y = b + b \cdot X + b \cdot M + e \qquad (7-3)$$
$$Y = d + d \cdot M + e \qquad (7-4)$$

过程如下。首先，对方程（7-1）中系数 $c$ 进行检验，如果通过显著检验，则转至下一步，否则停止。下一个步骤是对式（7-2）、式（7-3）中的系数进行检验，全部通过检验则说明变量 $M$ 起到了部分中介效果，接着第 3 步；如果有一个没有通过，则实证结束。第 3 个步骤是查看式（7-3）的系数 $b$，若没有通过检验，则全部通过 $M$ 起作用；如果通过显著性检验，则只有一部分通过变量 $M$ 起作用。详细的数据分析结果见表 7-3 中的列（1）至列（4）。

其次，运用爱德华兹和兰伯特（Edwards and Lambert，2007）的总效应调节模型，分析地理相近性中介作用。调节效应的检验过程见式（7-5）至式（7-7）。其中，利用式（7-5）来考察地理距离在母公司价值溢出中介作用前半路径的调节效应，即地域接近性在多元化与母公司价值之间曲线关系的调节效应；利用式（7-6）考察母公司价值中介作用后半段地域接近性的调节效果；利用式（7-7）考察地域接近性在多元化对创业企业价值直接影响中的调节效应。详细的数据分析结果见表 7-4 中列（1）至列（5）。

$$M = a + a \cdot X + a \cdot X^2 + a \cdot U + a \cdot X \cdot U + a \cdot X^2 \cdot U + e \qquad (7-5)$$
$$Y = b + b \cdot M + b \cdot U + b \cdot M \cdot U + e \qquad (7-6)$$
$$Y = c + c \cdot X + c \cdot M + c \cdot U + c \cdot X \cdot U + c \cdot M \cdot U + e \qquad (7-7)$$

其中，$Y$ 指因变量初创公司价值，$X$ 指自变量多元化，$M$ 指中介变量母公司价值，$U$ 代表调节变量的地域接近性。

## 7.4　变量设置与测量

（1）因变量。初创公司价值。企业价值是丰富的、复杂的，从不同的角度去识别、评估和实现企业价值创造，存在着不同的企业价值观（王雅和刘希成，2011）。在各种企业价值观之中，美国企业思滕思特（Stern Stewart）所提的经济增加值（EVA）理论是最具代表性的。作为一个理念，EVA 提出超过资本成本的收益是股东价值最大化的价值管理；作为一项指标，EVA 衡量了所有生产要素的生产效率；作为一套系统，EVA 蕴含了全部管理因素如绩效、战略、沟通、预算等。因此 EVA 能更好地衡量企业真实经济价值。

经济增加值＝税后净营业利润－全部投入资本成本

＝税后净营业利润－全部投入资本×加权平均资本成本率

加权平均资本成本率＝负债权重×负债的税后成本率＋权益权重×权益成本率

采用 EVA 率来衡量创业企业的价值

$$EVA\ 率＝EVA／总投资额$$

（2）解释变量。投资组合多元化（$DT$）。参考马图希克和菲扎（Matusik and Fitza，2012），采用熵指数法计算 $DT$。计算方法如下：

$$DT = \sum_{i=1}^{n} P \cdot \ln(1/P_i)$$

$P_i$ 指 CVC 投资的 $i$ 行业的公司占所有投资的公司的比值；$n$ 代表 CVC 项目投资的创业企业所涉及的行业数；$\ln(1/P_i)$ 是每个行业的权重系数，$DT$ 值越大，CVC 投资的创业企业越多元化。

（3）中介变量：CVC 母公司价值 IEVA。EVA 数据来自 CSMAR 数据库。

（4）调节变量：CVC 投资组合地域接近性（$Geo$）。借鉴黎振强、工英（2015）对地域接近性的度量，以公司空间上的距离衡量，空间位置越近，地域接近性越强。

（5）控制变量。综合马图希克和菲扎（2012）、杨和纳拉亚南（Yang and Narayanan et al.，2014），与万坤扬和陆文聪（2016）等学者的研究设定控制变量。设置如下：企业规模（$Fsize$）为 ln 总资产；资产负债率（$Doa$）即总负债/总资产，也是公司财务杠杆；资产收益率（$ROA$）为净利润/总资产，体现公司盈利能力；公司年龄（$age$）为公司成立到样本选取时的年份数；资本支出（CE）取对数；CVC 投资组合规模（Csize）为 CVC 投资组合中成员量。企业规模、资本支出、资产负债率、资产收益率以及年龄数据来自 CSMAR 数据库，并经整理计算。CVC 投资组合规模的数据来自年报和私募通数据库。本章研究中母公司的控制变量前加 I，创业企业的控制变量前加 V，数据为非平衡面板数据，采用 Stata 进行回归。

# 7.5  实 证 结 果

## 7.5.1  描述性统计及相关系数

### 1. 母公司

表 7-1 展示了对 CVC 母公司样本进行的描述性统计以及相关性分析结果。从相关系数矩阵来看，母公司价值（Ieva）与 CVC 投资组合多元化（DT）、母公司规模（Fsize）和投资组合规模（Csize）显著正相关；母公司价值（Ieva）与地理距离（Geo）显著负相关。在自变量间的相关系数中，除多元化和地理距离的相关系数为 -0.94，有可能存在多重共线性之外，其余自变量的相关系数变动幅度为 -0.670~0.389，多重共线性并不存在。本书将对多元化和地理距离进行标准化处理，以降低多重共线性问题对分析结果的影响。

表 7-1　　　　　　　　母公司各变量的描述性统计与相关矩阵（$N=5$）

| 变量 | 1 | 2 | 3 | 4 | 5 | 6 | 7 | 8 | 9 |
|---|---|---|---|---|---|---|---|---|---|
| Ieva | 1 | | | | | | | | |
| DT | 0.944*** | 1 | | | | | | | |
| Geo | -0.866*** | -0.94*** | 1 | | | | | | |
| Fsize | 0.389*** | 0.341*** | -0.274*** | 1 | | | | | |
| Doa | -0.080 | -0.034 | 0.011 | -0.082 | 1 | | | | |
| CE | -0.082 | -0.119* | 0.129** | -0.168*** | 0.015 | 1 | | | |
| Roa | 0.053 | 0.045 | -0.04 | 0.013 | -0.063 | -0.095 | 1 | | |
| age | 0.022 | 0.039 | 0.034 | 0.043 | -0.040 | -0.044 | 0.120* | 1 | |
| Csize | 0.141** | 0.093 | 0.117* | 0.126** | -0.670*** | 0.030 | 0.090 | 0.047 | 1 |
| 均值 | 0.025 | 0.887 | 0.082 | 23.536 | 0.511 | 19.986 | 0.058 | 21.857 | 5.714 |

续表

| 变量 | 1 | 2 | 3 | 4 | 5 | 6 | 7 | 8 | 9 |
|---|---|---|---|---|---|---|---|---|---|
| 标准差 | 0.072 | 0.525 | 0.064 | 1.705 | 0.191 | 1.992 | 0.049 | 3.766 | 8.603 |
| 最大值 | 0.342 | 2.472 | 0.229 | 28.014 | 0.938 | 25.787 | 0.312 | 31.000 | 35.000 |
| 最小值 | -0.206 | 0.000 | 0.000 | 20.690 | 0.119 | 15.171 | -0.208 | 13.000 | 2.000 |

注： *** 表示显著性水平为 1% ， ** 表示显著性水平为 5% ， * 表示显著性水平为 10% 。

## 2. 被投资创业企业

表 7-2 展示了创业企业各变量的描述性统计和相关矩阵。如表 7-2 所示，创业企业价值（*Veva*）、母公司价值（*Ieva*）、多元化（*DT*）、创业企业规模（*Vfsize*）、创业企业资本支出（*Vce*）、母公司规模（*Ifsize*）、母公司资产收益率（*Iroa*）以及母公司年龄（*Iage*）显著正相关；创业企业价值与投资组合规模（*Csize*）存在负的显著性相关关系。自变量之间的相关系数变动范围为，表明研究中的多重共线性问题并不严重。

表 7-2　　创业企业各变量的描述性统计和相关矩阵 （$N=0$）

| 变量 | 1 | 2 | 3 | 4 | 5 | 6 | 7 |
|---|---|---|---|---|---|---|---|
| *Veva* | 1 | | | | | | |
| *Ieva* | 0.976 *** | 1 | | | | | |
| *DT* | 0.614 *** | 0.619 *** | 1 | | | | |
| *Geo* | -0.024 | -0.019 | -0.077 ** | 1 | | | |
| *Vfsize* | 0.799 *** | 0.720 *** | 0.407 *** | -0.019 | 1 | | |
| *Vdoa* | -0.058 | -0.060 | -0.071 * | -0.053 | -0.016 | 1 | |
| *Vce* | 0.147 *** | 0.153 *** | -0.005 | 0.024 | 0.133 *** | 0.006 | 1 |
| *Vroa* | 0.033 | 0.012 | 0.000 | -0.037 | 0.051 | -0.031 | -0.030 |
| *Vage* | 0.028 | 0.029 | 0.031 | 0.072 * | 0.040 | -0.063 * | 0.059 |
| *Csize* | -0.694 *** | -0.667 *** | -0.451 *** | 0.050 | -0.494 *** | 0.034 | -0.124 *** |
| *Ifsize* | 0.216 *** | 0.215 *** | 0.000 | 0.023 | 0.139 *** | 0.037 | 0.179 *** |
| *Idoa* | -0.051 | -0.048 | -0.018 | 0.048 | -0.049 | -0.046 | -0.015 |
| *Iroa* | 0.178 *** | 0.196 *** | 0.026 | -0.035 | 0.087 ** | -0.018 | 0.177 *** |
| *Ice* | -0.028 | -0.028 | -0.028 | -0.017 | 0.003 | 0.254 *** | -0.027 |

续表

| 变量 | 1 | 2 | 3 | 4 | 5 | 6 | 7 |
|---|---|---|---|---|---|---|---|
| *Iage* | 0.183 *** | 0.187 *** | 0.014 | 0.032 | 0.093 ** | 0.079 ** | 0.118 *** |
| 均值 | 0.0084 | 0.022 | 1.345 | 0.089 | 21.657 | 0.408 | 18.407 |
| 标准差 | 0.072 | 0.067 | 0.850 | 0.087 | 2.908 | 0.222 | 2.916 |
| 最大值 | 0.3006 | 0.342 | 2.879 | 0.433 | 26.088 | 0.938 | 24.237 |
| 最小值 | −0.455 | −0.206 | 0 | 0.0001 | 19.124 | 0.011 | 0 |

| 变量 | 8 | 9 | 10 | 11 | 12 | 13 | 14 | 15 |
|---|---|---|---|---|---|---|---|---|
| *Vroa* | 1 | | | | | | | |
| *Vage* | 0.006 | 1 | | | | | | |
| *Csize* | −0.025 | −0.005 | 1 | | | | | |
| *Ifsize* | 0.021 | 0.016 | −0.183 *** | 1 | | | | |
| *Idoa* | −0.252 *** | −0.121 *** | 0.050 | 0.040 | 1 | | | |
| *Iroa* | 0.033 | 0.015 | −0.197 *** | 0.204 *** | −0.004 | 1 | | |
| *Ice* | −0.012 | 0.048 | −0.012 | 0.017 | 0.050 | −0.024 | 1 | |
| *Iage* | 0.006 | −0.030 | −0.166 *** | 0.265 *** | −0.001 | 0.187 *** | 0.027 | 1 |
| 均值 | 0.054 | 18.359 | 10.930 | 23.378 | 0.516 | 0.054 | 19.951 | 22.038 |
| 标准差 | 0.054 | 5.465 | 12.985 | 1.598 | 0.193 | 0.049 | 2.020 | 3.680 |
| 最大值 | 0.312 | 29 | 35 | 28.004 | 0.938 | 0.312 | 25.787 | 31 |
| 最小值 | −0.208 | 7 | 2 | 20.690 | 0.119 | −0.208 | 15.171 | 13 |

注：*** 表示显著性水平为1%，** 表示显著性水平为5%，* 表示显著性水平为10%。

## 7.5.2 回归结果与假设检验

对非平衡面板数据进行线性回归分析以验证假设。借鉴杜什尼茨基和莱诺克斯（2005）的研究，基于固定效应回归模型检验计量结果。

### 1. 多元化、母公司价值溢出与创业企业价值的关系检验

用三步中介回归法来分析多元化和初创公司价值的关系以及母公司价值外溢的中介作用。第一步，验证投资组合多元化对初创公司价值的直接影响，以 *Vsize*、*VDoa*、*Vce*、*VRoa*、*Vage*、*Csize* 为控制变量。第二步，检验投资组合多元化对母公司价值的影响，控制变量为 *Isize*、*IDoa*、*Ice*、*IRoa*、*Iage* 和 *Csize*。

第三步，同时投入多元化和中介变量母公司价值，并同时控制母公司和创业企业规模、资产负债率等企业特征变量，结果详见表 7 – 3。

（1）表 7 – 3 中列（3）展现了多元化对创业企业价值的影响。$\beta =$ 0.0166，P < 0.01，假设 H7 – 1 成立。

（2）表 7 – 3 中列（1）表示多元化对母公司价值的影响。在列（1）中，多元化的一次方（$DT$）系数 $\beta = 0.0818$，P < 0.05；二次方（$DT^2$）系数 $\beta =$ 0.0236，P < 0.05，均显著，假设 H7 – 2 成立。

（3）母公司价值对创业企业价值的影响作用见表 7 – 3 中列（2），P < 0.05 通过了检验且 $\beta > 0$，意味着投资企业价值溢出对被投资公司影响显著。列（4）展现了投资企业价值溢出一定程度上在多元化和被投资公司价值关系中的中介作用。在多元化对母公司价值和创业企业价值影响显著的前提下，中介效应检验的第三步中，母公司价值对创业企业价值的回归系数 = 0.3，P < 0.01，与列（3）对比，列（4）中系数值减小了且 P < 0.1，也就是说多元化对初创公司价值的促进作用减少，可以认为投资企业价值在两者作用关系里存在一定的中介效果。又因为列（4）里多元化的系数仍通过了显著性检验，故投资企业的价值在两者关系间存在一定中介影响。综上所述，多元化影响初创公司价值不完全取决于多元化，投资公司的价值溢出也起到了部分作用。

表 7 –3　　多元化、母公司价值溢出与创业企业价值的回归结果

| 自变量 | 母公司价值 | | 创业企业价值 | |
|---|---|---|---|---|
| | （1） | （2） | （3） | （4） |
| 自变量 | | | | |
| 多元化（$DT$） | 0.082 *** (0.00748) | | 0.017 *** (0.00161) | 0.001 * (0.000526) |
| $DT^2$ | 0.0236 *** (0.00373) | | | |
| 母公司价值（$Ieva$） | | 0.448 *** (0.0349) | | 0.453 *** (0.0349) |
| 控制变量 | | | | |
| $Isize$ | 0.00234 ** (0.000952) | − 0.00479 *** (0.00101) | | − 0.00511 *** (0.00102) |

续表

| 自变量 | 母公司价值 | | 创业企业价值 | |
|---|---|---|---|---|
| | (1) | (2) | (3) | (4) |
| Idoa | -9.14e-05 (0.0108) | -0.000264 (0.00176) | | -0.000199 (0.00176) |
| Ice | 0.00153* (0.000783) | 0.000125 (0.000169) | | 0.000111 (0.000168) |
| Iroa | 0.0236 (0.0313) | 0.871*** (0.0387) | | 0.869*** (0.0386) |
| Iage | -0.000330 (0.000415) | -0.00100** (0.000399) | | -0.00107*** (0.000399) |
| Csize | 0.000256 (0.000238) | -0.000342*** (4.54e-05) | -0.000646*** (0.000123) | -0.000350*** (4.55e-05) |
| Vsize | | 0.000646 (0.000395) | -0.00705*** (0.00132) | 0.000664* (0.000394) |
| Vdoa | | 0.00109 (0.00155) | -0.000568 (0.00523) | 0.00124 (0.00154) |
| Vce | | 0.00122** (0.000575) | 0.0246*** (0.00151) | 0.00120** (0.000574) |
| Vroa | | 0.00186 (0.00628) | 0.00175 (0.0214) | 0.00234 (0.00627) |
| Vage | | 2.97e-05 (5.97e-05) | 0.000307 (0.000206) | 2.59e-05 (5.96e-05) |
| Constant | -0.154*** (0.0305) | 0.0592** (0.0251) | -0.310*** (0.0111) | 0.0672*** (0.0254) |
| R² | 0.916 | 0.988 | 0.863 | 0.988 |
| F | 254.63*** | 3441.24*** | 490.59*** | 3192.27*** |
| N | 245 | 710 | 710 | 710 |

注：*** 表示显著性水平为 1% ，** 表示显著性水平为 5% ，* 表示显著性水平为 10% 。括号内为标准误。

## 2. 地域接近性的双边调节作用检验

根据爱德华兹和兰伯特（2007）的总效应调节模型，研究方程（7-4），考察了位置距离在多元化与母公司价值 U 型关系中的调节作用（结果详见表

7－4 列（1）和列（2），接着再根据式（7－5）检验地域接近性对母公司对创业企业正向价值溢出效应的调节作用（结果详见表 7－4 列（3）和列（4），最后根据式（7－6）检验地域接近性在母公司价值溢出对多元化与创业企业价值关系中介作用的调节效应（见表 7－4 的列（5））。本书将交互项中心化以避免多重共线性，再将处理后的变量相乘后代入。

表 7－4　　　　　　　　　地域接近性双边调节作用回归结果

| 变量 | 母公司价值 | | 创业企业价值 | | |
|---|---|---|---|---|---|
| | （1） | （2） | （3） | （4） | （5） |
| 自变量 | | | | | |
| 多元化（DT） | 0.0522 *** (0.0190) | -0.0303 *** (0.00806) | | | 0.000619 * (0.000333) |
| $DT^2$ | 0.0291 *** (0.00492) | 0.0101 *** (0.00207) | | | |
| 母公司价值（Ieva） | | | 0.688 *** (0.0336) | 0.359 *** (0.0301) | 0.361 *** (0.0300) |
| 调节变量 | | | | | |
| Geo | -0.165 * (0.0973) | -0.194 *** (0.0387) | -0.187 *** (0.0127) | -0.144 *** (0.00978) | -0.143 *** (0.00976) |
| $DT \cdot Geo$ | | -1.487 *** (0.0845) | | | 0.00419 (0.00260) |
| $DT^2 \cdot Geo$ | | -0.255 *** (0.0343) | | | |
| $Ieva \cdot Geo$ | | | | -4.403 *** (0.220) | -4.398 *** (0.219) |
| 控制变量 | | | | | |
| Isize | 0.00248 *** (0.000951) | 0.000430 (0.000384) | -0.00897 *** (0.000895) | 0.00197 ** (0.000866) | 0.00177 ** (0.000868) |
| Idoa | -0.000178 (0.0107) | 0.000132 (0.00428) | -3.02e-05 (0.00148) | 0.000360 (0.00112) | 0.000364 (0.00111) |
| Ice | 0.00160 ** (0.000780) | 6.06e-05 (0.000315) | 1.62e-05 (0.000142) | -8.25e-05 (0.000107) | -0.000112 (0.000107) |
| Iroa | 0.0305 (0.0314) | 0.0111 (0.0125) | 0.777 *** (0.0332) | 0.364 *** (0.0323) | 0.364 *** (0.0322) |

续表

| 变量 | 母公司价值 | | 创业企业价值 | | |
|---|---|---|---|---|---|
| | (1) | (2) | (3) | (4) | (5) |
| *Iage* | −0.000305<br>(0.000413) | −0.000325 *<br>(0.000165) | −0.00439 ***<br>(0.000407) | −0.00271 ***<br>(0.000317) | −0.00272 ***<br>(0.000316) |
| *Csize* | 0.000260<br>(0.000237) | 1.53e−05<br>(9.46e−05) | −0.000152 ***<br>(4.03e−05) | 1.54e−05<br>(3.14e−05) | 8.77e−06<br>(3.15e−05) |
| *Vsize* | | | 0.000788 **<br>(0.000332) | −0.000319<br>(0.000256) | −0.000321<br>(0.000255) |
| *Vdoa* | | | −6.19e−05<br>(0.00130) | 6.92e−05<br>(0.000979) | 0.000225<br>(0.000977) |
| *Vce* | | | −0.000843 *<br>(0.000504) | 0.000115<br>(0.000382) | 0.000116<br>(0.000380) |
| *Vroa* | | | 0.00521<br>(0.00529) | 0.00291<br>(0.00398) | 0.00301<br>(0.00396) |
| *Vage* | | | 1.34e−05<br>(5.03e−05) | 1.43e−05<br>(3.78e−05) | 1.47e−05<br>(3.77e−05) |
| *Constant* | −0.126 ***<br>(0.0346) | 0.0430 ***<br>(0.0148) | 0.283 ***<br>(0.0251) | 0.0175<br>(0.0236) | 0.0223<br>(0.0236) |
| $R^2$ | 0.917 | 0.987 | 0.9912 | 0.995 | 0.9951 |
| F | 228.9 *** | 1272.74 *** | 4502.79 *** | 7430.67 *** | 6553.55 *** |
| N | 245 | 245 | 710 | 710 | 710 |

注：*** 表示显著性水平为1%，** 表示显著性水平为5%，* 表示显著性水平为10%。括号内为标准误。

地域接近性可以调节多元化（*DT*）和母公司价值（*Ieva*）间的 U 型关系。列（1）中 Geo 系数 β = −0.5（P < 0.1），表明地理距离与母公司价值负相关关系显著。在列（2）考虑地理距离的情况下，多元化对母公司价值的 U 型曲线关系依然显著，地理距离与多元化一次方与二次方的系数分别为 β = −1.7（P < 0.05）、β = −0.5（P < 0.05），交互项系数也显著，表明地域接近性在多元化与母公司价值的 U 型曲线关系中起显著调节作用。为了进一步验证地域接近性起到的调节作用，借鉴艾肯和韦斯特（Aiken and West，1991），用平均加法和减法的方法确定了地理距离的远近，并绘出了调整效果的高低曲线见图 7 - 2。可以看出，同等多元化程度时，距离越近则企业价值越大，也就是

说地域接近性在其中有着明显的积极的影响。假设 H7 - 5 成立。

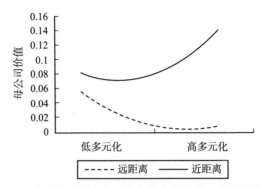

**图 7 - 2　地域接近性在多元化与母公司价值之间的调节作用**

本章检验了地域接近性在母公司价值溢出（*Ieva*）与创业企业价值（*Veva*）之间的调节效应，结果见表 7 - 4 中的列 (3)、列 (4)，列 (3) 的回归分析结果显示地理距离对创业企业价值的回归系数 $\beta = -0.7$（P < 0.05）显著，在列 (4) 中，地理距离和母公司价值的交互项系数 $\beta = -4.3$（P < 0.05），所以起负向调节作用。为使地理距离的调节效果的展示更直观，画出斜率图，见图 7 - 3。

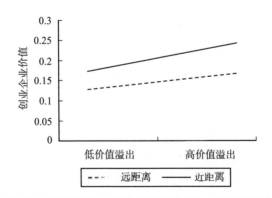

**图 7 - 3　地域接近性在母公司价值溢出与创业企业价值之间的调节作用**

进一步查验地域接近性在母公司价值溢出对多元化与创业企业价值关系的影响。借鉴爱德华兹和兰伯特（2007）的总效应调节模型，更全面地解释了地域接近性在多元化、母公司价值与创业企业价值中介效应模型路径上的调节效应。由表 7 - 4 的列 (5) 可以看出，地理距离与多元化的交互项系数的 P

值 > 0.1，但地理距离和母公司价值的交互项系数的 P 值 < 0.1。地理距离对多元化和创业企业价值之间的关系并无显著调节作用，原因可能由于母公司和初创公司之间的距离与初创公司彼此之间的距离并不相同，投资公司与被投资公司位置相近只能保证二者的互动，不能排除初创公司彼此间位置远近的影响。

### 7.5.3 稳健性检验

综上所述，价值外溢一定程度上在多元化和初创公司价值间有中介影响，但是，有一个选择效应的问题，CVC 的母公司没有被多样化所影响，也许是因为自身的优秀，有底气有能力挑选优秀的初创公司并借由被投资公司寻找新技术，因为它们能够给予被投资者想要的资源和策略支持，与普通的母公司相比，优秀的母公司所挑选和培养的初创公司具有更大的价值。为了区分研究中的创业公司的价值创造是母公司的价值外溢还是由母公司的选择而导致的，本书根据母公司的价值，将母公司划分为"优秀"与"一般"两类，母公司高于中位数的是优秀，中位数之下的是一般，按此方法，将样本分成两类，并进行实证分析。

为了进一步验证该模型是否稳健，本研究采用了多种变量进行替换。在被解释变量方面，用 *TQ* 换掉 *EVA*；多元化的替换借鉴杨等（2014）、万坤扬（2015）相关研究，采用产业集中度（*HHI*）表示。

$$Div = HHI = 1 - i^2$$

其中，$P_i$ 是指在 $i$ 产业内 CVC 项目的新创企业数量占新创企业总数的比例；$n$ 是 CVC 项目投资的创业企业所含行业数目。$0 < HHI < 1$，*HHI* 越大，CVC 投资的初创公司越多元化。

从表 7 - 5 中的列（1）可以看出，多元化与母公司价值之间关系的稳健性检验中，多元化 *HHI* 一次项系数 $\beta = -0.6$，二次项系数 $\beta = 3.7$，在 1% 置信水平下都显著，证实了假设 H7 - 1。

为验证母公司选择效应是否对创业企业价值产生影响，依照母公司价值高低将样本归类为优质组和一般组，从表 7 - 5 列（2）至列（4）中可以看出，在一般组里，加入中介变量母公司价值 *ITQ* 之后，多元化系数从 2.2 下降至 0.7，而显著性水平也从原来的 1% 下降至 5%；在优质组中，如表 7 - 5 列（2）、列（6）、列（7）所示，多元化系数由 1.3 降至 0.7，显著性水平也降低了。对照结果可以看出，不管公司的整体素质如何，初创公司价值提升皆是投资企业价值外溢的中介效应造成，而非母公司选择效应造成，除此以外，为进一步检验研究中可能存在的内生性问题，将 CVC 母公司的股票市值（Imv）与创业企业的净资产收益率（Vroe）的乘积项加入模型（7 - 3）进行实证检验，乘积项的系数为 0.007，并不显著，同样说明 CVC 母公司不存在刻意选择的行为，创业企业是借助 CVC 母公司的价值溢出效应这个渠道来实现 CVC 投资组合多元化对企业价值增值作用的，而不是来自 CVC 卓越的项目挑选能力。研究结果加强了研究假设的稳健性和可靠性。

为检验调节作用的稳健性，研究采用两地之间最短的铁路时间（Dis-T）来替代距离变量（Geo）。对母公司，如表 7 - 6 列（1）所示，多元化一次项与铁路时间的乘积项系数显著（$\beta = -0.0512$，P < 0.01），而多元化二次项与铁路时间的乘积项系数却不显著（$\beta = 0.0146$，P > 0.1）调节效应的高低见图 7 - 4。地域接近性在中介作用过程中的调节效应如表 7 - 6 列（2）至列（4）所示，地理距离对创业企业价值显著负相关，在列（3）中，母公司价值和铁路时间的乘积项系数 $\beta$ 等于 - 0.0571，P 值小于 0.01，负向调节作用是显著的，调节效应的高低见图 7 - 5。以列（3）为基础，在列（4）中，加入多元化以及多元化与铁路时间的乘积项，进一步检验地域接近性在母公司价值外溢对多元化与创业企业价值关系的中介效应起到调节作用。可以看出，铁路时间与多元化的交互项系数（$\beta = 0.0044$，P > 0.1）不显著，而铁路时间和母公司价值的交互项系数 $\beta$ 为 - 0.064，P 值小于 0.01，负向调节作用显著，与上文结果一致。说明研究假设结果具有稳健性。

表 7 - 5　多元化、母公司价值溢出与创业企业价值检验结果（稳健性检验）

| 变量 | 母公司价值 | 创业企业价值 | | | | | | |
| --- | --- | --- | --- | --- | --- | --- | --- | --- |
| | | 一般企业组 | | | | 优质企业组 | | |
| | (1) | (2) | (3) | (4) | (5) | (6) | (7) | (8) |
| 多元化（HHI） | - 0.666*** (0.0937) | | 2.317*** (0.404) | 0.221** (0.102) | | 1.927*** (0.652) | 0.620* (0.367) | 0.373** (0.156) |
| $HHI^2$ | 3.387*** (0.201) | | | | | | | |
| 母公司价值（ITQ） | | 1.412*** (0.0206) | | 1.398*** (0.0215) | 1.597*** (0.0651) | | 1.580*** (0.0656) | 1.612*** (0.0402) |
| Imv · Vroe | | 0.0152 (0.0429) | - 0.0987 (0.178) | 0.00738 (0.0428) | 0.0732 (0.518) | - 0.199 (0.929) | 0.104 (0.517) | 0.00698 (0.105) |

续表

| 变量 | 母公司价值 | 创业企业价值 | | | | | | |
|---|---|---|---|---|---|---|---|---|
| | | 一般企业组 | | | 优质企业组 | | | |
| | （1） | （2） | （3） | （4） | （5） | （6） | （7） | （8） |
| $Isize$ | 0.342 *** (0.0242) | 0.0110 * (0.00651) | − 0.0242 (0.0274) | 0.00809 (0.00661) | 0.107 (0.111) | 0.0136 (0.200) | 0.0950 (0.111) | − 0.128 *** (0.0241) |
| $Idoa$ | 0.0449 * (0.0258) | 0.154 (0.118) | 1.278 *** (0.484) | 0.161 (0.117) | − 0.202 (0.428) | 0.530 (0.765) | − 0.219 (0.426) | 0.0239 (0.202) |
| $Ice$ | 0.00125 (0.0112) | − 0.00368 (0.0107) | − 0.0698 (0.0440) | − 0.00404 (0.0106) | − 0.0664 (0.0821) | − 0.0572 (0.147) | − 0.0638 (0.0818) | − 0.00375 (0.0187) |
| $Iroa$ | − 0.369 (0.294) | 0.435 (0.405) | 1.799 (1.678) | 0.494 (0.403) | 1.698 (1.308) | 1.391 (2.344) | 1.646 (1.303) | 1.173 * (0.701) |
| $Iage$ | 0.00129 (0.00135) | − 0.00792 (0.00587) | 0.0106 (0.0243) | − 0.00801 (0.00583) | − 0.0169 (0.0191) | − 0.0127 (0.0342) | − 0.0155 (0.0190) | − 0.0165 (0.0101) |
| $Csize$ | 0.00351 *** (0.000944) | − 0.0143 *** (0.00196) | − 0.0219 ** (0.00879) | − 0.0125 *** (0.00211) | 0.0119 * (0.00665) | − 0.00215 (0.0119) | 0.0111 * (0.00665) | 0.000246 (0.00322) |
| $Vsize$ | | − 0.00879 (0.00918) | 0.238 *** (0.0351) | − 0.00582 (0.00922) | 0.137 *** (0.0318) | 0.371 *** (0.0570) | 0.119 *** (0.0334) | 0.117 *** (0.0186) |
| $Vdoa$ | | − 0.164 (0.102) | 0.443 (0.422) | − 0.144 (0.102) | − 0.270 (0.347) | − 0.236 (0.624) | − 0.223 (0.347) | − 0.270 (0.179) |
| $Vce$ | | 0.0121 (0.0109) | − 0.00537 (0.0449) | 0.0120 (0.0108) | 0.0353 (0.0440) | 0.0335 (0.0790) | 0.0306 (0.0440) | 0.0335 (0.0208) |
| $Vroa$ | | 0.100 (0.441) | 0.909 (1.827) | 0.0431 (0.439) | 0.254 (1.361) | − 1.809 (2.451) | 0.529 (1.366) | 0.0967 (0.740) |
| $Vage$ | | − 2.28e − 05 (0.00363) | − 0.0148 (0.0150) | 0.000365 (0.00361) | 0.00861 (0.0164) | − 5.37e − 05 (0.0294) | 0.00706 (0.0163) | − 0.000364 (0.00696) |
| $Constant$ | − 7.469 *** (0.481) | − 0.0477 (0.407) | − 2.952 * (1.692) | − 0.183 (0.409) | − 5.044 *** (1.824) | − 6.623 ** (3.282) | − 4.725 ** (1.827) | − 0.403 (0.774) |
| $R^2$ | 0.996 | 0.967 | 0.436 | 0.968 | 0.764 | 0.241 | 0.766 | 0.833 |
| F | 6652.04 *** | 581.78 *** | 15.32 *** | 548.25 *** | 64.38 *** | 6.33 *** | 60.42 *** | 188.33 *** |
| N | 245 | 355 | 355 | 355 | 355 | 355 | 355 | 710 |

注：*** 表示显著性水平为1%，** 表示显著性水平为5%，* 表示显著性水平为%。括号内为标准误。

表 7 - 6　　　　　　　地域接近性双边调节作用检验结果（稳健性检验）

| 变量 | 母公司价值 | 创业企业价值 | | |
|---|---|---|---|---|
| | （1） | （2） | （3） | （4） |
| 自变量 | | | | |
| 多元化（HHI） | - 0.970 *** | | | 0.151 ** |
| | (0.155) | | | (0.0630) |
| $HHI^2$ | 3.833 *** | | | |
| | (0.242) | | | |
| 母公司价值（ITQ） | | 2.022 *** | 1.973 *** | 1.957 *** |
| | | (0.0253) | (0.0257) | (0.0263) |
| Dis-T | - 0.0107 ** | - 0.0538 *** | - 0.0576 *** | - 0.0516 *** |
| | (0.00479) | (0.00399) | (0.00390) | (0.00452) |
| $DT \cdot Dis\text{-}T$ | - 0.0512 ** | | | 0.00440 |
| | (0.0240) | | | (0.00462) |
| $DT^2 \cdot Dis\text{-}T$ | 0.0146 | | | |
| | (0.0504) | | | |
| $Ieva \cdot Geo$ | | | - 0.0571 *** | - 0.0640 *** |
| | | | (0.00926) | (0.00969) |
| Isize | 0.312 *** | 0.00227 | 0.00207 | 0.00142 |
| | (0.0277) | (0.00539) | (0.00521) | (0.00519) |
| Idoa | 0.0337 | - 0.0495 | - 0.0401 | - 0.0335 |
| | (0.0257) | (0.0460) | (0.0445) | (0.0443) |
| Ice | - 0.0205 | - 0.00174 | - 0.000790 | - 0.00109 |
| | (0.0129) | (0.00422) | (0.00408) | (0.00406) |
| Iroa | - 0.918 * | 0.169 | 0.139 | 0.142 |
| | (0.478) | (0.159) | (0.154) | (0.153) |
| Iage | 0.000955 | 0.00446 ** | 0.00380 * | 0.00365 * |
| | (0.00132) | (0.00225) | (0.00218) | (0.00217) |
| Csize | 0.00303 *** | 0.00140 ** | 0.00110 * | 0.00106 * |
| | (0.000952) | (0.000650) | (0.000630) | (0.000627) |

续表

| 变量 | 母公司价值 | 创业企业价值 | | |
|---|---|---|---|---|
| | （1） | （2） | （3） | （4） |
| Vsize | | −0.0591***<br>（0.00515） | −0.0516***<br>（0.00512） | −0.0462***<br>（0.00563） |
| Vdoa | | −0.00279<br>（0.0399） | 0.00939<br>（0.0386） | 0.0107<br>（0.0384） |
| Vce | | 0.00846*<br>（0.00472） | 0.00875*<br>（0.00456） | 0.00866*<br>（0.00454） |
| Vroa | | −1.846**<br>（0.875） | 3.710***<br>（1.235） | 4.547***<br>（1.269） |
| Vage | | −0.00104<br>（0.00153） | −0.00129<br>（0.00148） | −0.00132<br>（0.00147） |
| Constant | −6.212***<br>（0.675） | 1.482***<br>（0.219） | 1.150***<br>（0.218） | 0.905***<br>（0.241） |
| $R^2$ | 0.997 | 0.990 | 0.991 | 0.991 |
| F 值 | 5045*** | 4083.49*** | 4065.2*** | 3593.07*** |
| N | 245 | 710 | 710 | 710 |

注：*** 表示显著性水平为1%，** 表示显著性水平为5%，* 表示显著性水平为10%。括号内数值为标准误。

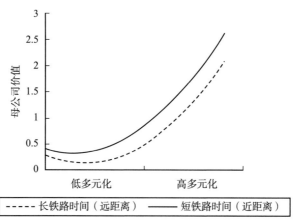

图 7-4　地域接近性在多元化与母公司价值之间的调节作用（稳健性检验）

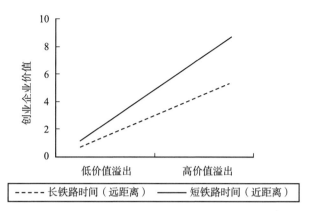

图 7 - 5　地域接近性在母公司价值溢出与创业企业价值之间的调节作用（稳健性检验）

## 7.6　研　究　结　论

本章研究表明，CVC 投资组合多元化对双边企业价值有着显著的影响。第一，多元化对创业企业的价值具有正向线性关系，母公司价值溢出效应在多元化和创业企业价值之间起着中介作用。第二，CVC 投资组合多元化与母公司价值之间存在 U 型曲线关系。第三，地域接近性在中介过程中的前半路径和后半路径中起着调节作用，具体来说，地域接近性在多元化与母公司价值间以及母公司价值外溢与初创公司价值间具有显著的正向调节效果。

实证结果显示，CVC 投资组合多元化对双边企业价值的影响是显著的。第一，多元化对创业企业的价值具有正向线性关系，母公司价值溢出效应在多元化和创业企业价值间起中介作用。第二，CVC 投资组合多元化与母公司价值之间存在 U 型曲线关系。第三，地域接近性在中介过程中的前一半路径和后一半路径中均起着调节作用，具体来说，地域接近性在多元化与母公司价值间以及母公司价值溢出与创业企业价值间起显著的正向调节作用。

相关研究中，杨和纳拉亚南等人（2014）与万坤扬（2015）基于实物期权理论，指出 CVC 投资组合多元化与企业价值之间存在着 U 型关系；马图希克和菲扎（2012）在相似研究中也发现了这样的 U 型关系。杨和纳拉亚南等（2014）与万坤扬（2015）运用母公司的融资能力来调节多元化和企业价值之间的关系，发现融资能力越强的母公司，CVC 投资组合多元化对公司价值的正向效应越明显。虽然大多数研究只是单方面针对 CVC 母公司价值，很少涉及多元化对创业企业价值的影响，但近年来也有学者从创业企业视角进行了探索。科伦坡和马尔蒂努（Colombo and Murtinu，2017）的研究中指出，创业企业可以通过参与 CVC 活动进行自身价值的创造与实现，利用 CVC 母公司的基础设施、分销渠道、技术和品牌，并借鉴 CVC 母公司的商业行为来构建、出售或服务于自身产品。瓦德瓦等人（2016）也认为在 CVC 活动中，母公司除了可以给创业企业提供资金以外，还能为创业企业提供有价值的互补性资源与能力，帮助创业企业快速扩展业务、打开市场，从而提高创业企业价值。说明 CVC 母公司对创业企业价值起着积极的作用，支持了进行投资组合多元化的母公司，对被投资公司有着价值溢出的论证。

　　CVC 投资组合多元化体现了创业企业的异质性特征，本章研究着眼于创业企业异质性，探索多元化对生态链企业的价值创造机制，发现了投资公司价值外溢在投资组合多元化与初创公司价值创造间的中介影响，弥补了以往文献的不足；又基于地域接近性在 CVC 活动中的重要影响和在理论研究上的缺乏，选择地域接近性作为调节多元化和双边企业价值关系的变量，这对于充实 CVC 的理论研究和对 CVC 在实际中的应用具有积极作用。

# 第8章 组态视角下公司创业投资生态链企业技术创新绩效提升对策

CVC 已经成为国内创业投资的重要力量，它的主要目标是初创企业。在我国，初创企业是科技创新的生力军，如何在 CVC 投资模式下提高其创新绩效，是我国经济转型时期亟待解决的问题。本章以中小板和创业板上市的制造业企业为样本，运用组态分析方法，基于资源依赖理论与母公司支持假说等，从 CVC 双边组织间关系以及母公司资源两个维度，从 CVC 持股比例、CVC 双边技术契合度、CVC 参与程度、母公司知识储备以及母公司的行业特征五个方面，基于组态视角研究影响制造业创业企业创新绩效的有效路径，探究 CVC 介入下的制造业企业创新绩效的作用机制。研究结果表明，持股比例、CVC 双边技术契合度、母公司的管理参与、母公司知识储备以及母公司行业特征 5 个因素均不是制造业企业产生高绩效的必要条件；对样本数据的充分性分析后发现，存在母公司管理参与型、母公司驱动型、母公司技术传递型、母公司知识共享型 4 条制造业企业产生高创新绩效的组态。研究还发现，跨界投资以及 CVC 母公司是高新技术企业对于制造业企业产生高创新绩效的重要性。基于此，围绕基于技术契合视角的公司创业投资生态链企业技术创新机理这一主题，探讨了促进我国公司创业投资者与创业企业之间合作的对策建议。

本章的创新之处在于：第一，从研究方法上而言，不同于传统回归分析方法，本章从整体上进行分析，力图揭示制造业创业企业产生高创新绩效可能性因素组合；第二，从研究内容上而言，以往研究从制造业企业本身或者宏观政策出发，如探究治理结构、薪酬结构以及税收优惠等因素，本研究与公司创业投资相结合，探究 CVC 的介入下制造业创业企业产生高绩效的前因要素之间的替代作用；第三，创业企业在资源与经验方面受到的限制影响其创新机会（García – Carbrera et al.，2019），但并不是所有的创业企业都能寻求、管理和利用技术开发所需的资源（Dushnitsky G et al.，2009），因此创业企业要权衡如何分配有限的资源。本章的研究通过 QCA 提供了一种角度，即生态链上的创业企业该如何获得和使用 CVC 母公司的有形资源和无形资源。

# 8.1 组态视角下 CVC 影响生态链 企业创新绩效的作用机制分析

## 8.1.1 CVC 介入与生态链创业企业创新绩效的影响机制

CVC 通过建立创业企业与母公司之间的联系,加强组织间学习,发挥战略协同,促进创业企业经营管理、价值创造,支持创业企业的创新与价值创造。首先,CVC 投资时间长以及退出限制少,创业企业用于研发的时间更多。其次,公司创业投资具有赋能效应。母公司依靠资源禀赋,为创业企业提供知识与资源。CVC 持有的股权不仅能够为创业企业提供资金,也增加了母公司与创业企业的利益捆绑程度(Paik and Woo,2017),母公司与创业企业之间的契合程度高、行业相关性强,具有核心的互补资产(Alvarez-Garrido et al.,2016),能减少双方的交流成本,传递行业资源,创造生产价值。公司创业投资具有治理效应,母公司在创业企业中有驻派人员和董事席位,参与创业企业的治理,对创业企业的创新投入积极影响。

## 8.1.2 CVC 介入与生态链创业企业创新绩效的理论基础

创业企业没有足够的资源,需要有经验、知识、资本来完成创新,这使创业企业向母公司学习能保持创业企业的竞争优势,母公司提供的互补性金融资产能支持创业企业完成创新活动(Lorenzo F D et al.,2018),所以创业企业利用母公司的有形资产和无形资产提高创新活跃度(Kim J Y et al.,2013),母公司的关系资本与投资资本是吸引创业企业的关键。因此,本书结合资源依赖理论、母公司支持假说、组织间学习理论,提出影响创业企业创新绩效的影响因素。

资源包括公司控制的资产、能力、经验和知识,资源依赖理论强调组织间的关系,并指导组织如何进行协作,根据组织自身的基础进行资源的选择与配置。创业企业与母公司建立投资关系,克服知识转移过程出现的问题或创新进程受到外部不确定因素的影响。在 CVC 活动中,母公司为创业企业提供了其他企业无法提供的必要知识和资源,拥有更多的控制权与股权,组织间学习理论表明创业企业与母公司的互动能够提升学习效应。

母公司支持假说认为，母公司的支持使得创业企业创新活动增多，母公司提供基础设施供创业企业使用，母公司的行业专家与研发技术人员与创业企业进行互动，进而提升创业企业的创新成功率。

研究认为创业企业的创新与其母公司的知识和经验密切相关，创业企业通过汇集和使用母公司的特定资源，实现最大化创新（Lorenzo F D et al.，2018）。创业企业依赖于母公司提供知识和资源，形成组织间联盟，降低创新不确定性，组织之间的关系以及母公司的资源对创业企业的技术创新有显著影响。所以，本书通过组织间关系与母公司资源两个层面分析 CVC 接入影响创业企业技术创新的驱动因素。

### 8.1.3　CVC 介入与生态链创业企业创新绩效的关系

#### 1. 组织间关系

（1）CVC 持股比例。持股比例反映了母公司对创业企业资本投入的力度。在 CVC 活动中，母公司对创业企业的持股比例影响着知识共享和组织记忆的程度。较高的持股比例，能为创业企业提供更多的有利信息与支持，给予更多的互补性资源。一方面反映出母公司看好创业企业的发展前景，愿意与创业企业共享的信息，减少信息不对称，减轻企业的融资约束程度，有利于创业企业的最优决定（胡刘芬，2018）；另一方面也反映出创业企业对母公司的信任度高，双方合作倾向高。通过与母公司的合作，创业企业进行更深层的学习，并可借助母公司提供的平台，将学习成果产业化，提高创新效率。

（2）技术契合度。CVC 双方的技术契合度包括 CVC 双方为上下游企业或 CVC 双方业务有相似性。在供应链的研究中，有学者表示企业之间的纵向联系对企业技术创新有正向促进作用，且纵向联系越多，企业技术创新水平越高（陈劲，2001）；CVC 母公司与创业企业之间技术契合度越高，即双方的关联程度越高，新创企业的创新绩效越高（Chemmanur et al.，2011）。从组织学习理论而言，CVC 投资是一种基于共同愿景、共同语言、共同技能的跨机构学习的过程。相似的认知结构可以促进合作伙伴之间的沟通。同时，与行业相关的 CVC 母公司与创业企业有着相同的业务发展方向，共同的愿景在双方的学习过程中起着指导作用。

（3）管理参与。CVC 母公司不仅为创业企业提供资金上的支持，也会向创业企业提供人员支持，如委派人员进入创业企业的董事会以及监事会，改变治理结构，促进知识交换与整合（万坤扬等，2015），减少信息不对称。合理的公司治理结构通过协调和合理配置资源促进企业技术创新。母公司通过管理监督创业企业的管理活动，促进创业企业进行技术研发，母公司在创业企业中的董事会比例以及特殊控制权影响着创业企业的成长能力（党兴华等，2008）。根据组织学习理论，母公司中的核心技术人员参与创业企业的日常管理与经营，使异质性资源的转移速度加快，创业企业的吸收程度提高，并且异质性资源被带往创业企业，也促进了创业企业的内部创新。

### 2. 母公司资源

（1）知识储备知识基础观表明，CVC 母公司进行投资活动也是母公司传递知识的过程，知识储备越丰富，企业处理事件的灵活性以及对环境适应性越高，合成新知识效率也越高。母公司为初创企业提供技术和市场支持，以知识流入的方式向创业企业提供专业性与针对性强的学习平台，以弥补创业企业的经验不足（Markku et al., 2009）。在 CVC 活动中，拥有技术知识背景的母公司更有可能吸收组织外多个领域的知识，提高公司整合知识的能力，从而增加创新的可能并将知识转移给创业企业，节省创业企业的学习成本，提高学习效率以及成果转换效率。

（2）母公司行业属性。与传统行业相比，高新技术企业资源利用水平以及创新效率更优。有研究表明西门子或英特尔等以技术为基础公司在公司创业投资业务中具有巨大优势，因为这些企业在研发方面投入了大量时间与资金（Cohen W M et al., 1990）。与其他类型的 CVC 投资者相比，已具备相关技术的公司通过 CVC 活动能够向创业企业提供更合适的创新资源，从而提高创业企业的技术能力（Knyphausenaufse, 2005）。

根据以上论述，本书从组织间关系与母公司资源 2 个层面分析了 CVC 持股比例、技术契合度、管理参与度、母公司知识储备与行业属性这五个影响因素，研究框架如图 8 - 1 所示。

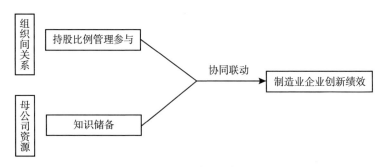

**图 8 - 1　组态分析框架**

## 8.2　CVC 影响生态链企业创新绩效的组态分析

### 8.2.1　研究方法

定性比较分析（QCA）是集合分析中的一种方法，这种研究方式把对研究成果产生作用的各个因素看作互相关联的，而不是彼此独立的，该方法可用来解释条件与结果的殊途同归以及因果复杂性。该方法基于组态的视角，考虑多种因素构成的组态而不是单个因素对结果的影响，分析更具有整体性以及系统性。QCA 方法具备定量分析法以及定性分析法的优势，适合大、中、小样本的研究（杜运周等，2017）。本书所包含的个案样本为中型样本，该方法可以对个案的深度和独特性进行研究，也可以考虑到其外在效度。根据条件变量个数与案例数量关系，有 n 个变量，至少有 2 个案例，因此本书确定的 5 个条件变量符合要求。考虑到本书的数据包括离散型变量以及连续型变量，所以，本书采取 fsQCA 进行分析。

### 8.2.2　样本和数据

在充分考虑数据的可获得性的情况下，本章以 2015～2019 年在中小板和创业板上市的制造业企业为初始样本，根据上市企业年报对样本进行筛选，筛选步骤如下：第一步，查阅样本企业年报中的前十大股东，筛选出公司股东中有创投机构的公司，且这些创投机构被非房地产、非金融类的企业控股参股；第二步，删除在样本中房地产开发类、金融类以及主营业务有创业投资的企业；为确保数据的完整及有效，剔除 ST 类上市公司以及样本数据不完整的公司，最后得到 65 家上市公司。

样本企业所在行业包括金属制品业、医药制品业等，地区分布如表 8 - 1 所示，超过一半的企业都分布在广东、江苏、浙江三个省份，这三个省份经济发展较好，企业的发展能受到较多的政府以及人力的支持。

由于结果产生的相对条件存在滞后性，研究将结果变量设定为相对条件变量滞后 1 期，如果 5 个条件变量使用年度数据，那么结果变量用年度数据，条件变量、结果变量等的说明如表 8 - 1 所示。

表 8 - 1                                   制造业企业分布地区

| 分布城市 | 数量 | 分布城市 | 数量 |
|---|---|---|---|
| 广东 | 17 | 成都 | 1 |
| 江苏 | 11 | 深圳 | 1 |
| 浙江 | 11 | 黑龙江 | 1 |
| 山东 | 6 | 河南 | 1 |
| 福建 | 3 | 安徽 | 1 |
| 天津 | 2 | 陕西 | 1 |
| 北京 | 2 | 河北 | 1 |
| 湖南 | 2 | 吉林 | 1 |
| 四川 | 2 | 甘肃 | 1 |

## 8.2.3  测量与校准

创新绩效。专利数据的真实性强且获取难度较低，专利是衡量企业创新程度的常用指标。专利授予存在各种因素带来的不确定性，与专利授予数量相比，专利申请数更真实，所以本书运用专利申请数量来判定企业的创新绩效。

技术契合度。张明等（2019）的研究在对技术契合度的度量中使用了 5 点有序量表。具体而言，根据国民经济行业分类，如果 CVC 双方的主要五位代码都不相同则取值为 0，只有（字母）门类代码相同则取值为 1，只有（字母）门类以及（数字）大类代码相同则取值为 2，（字母）门类以及（数字）大类、（数字）中类代码相同取值为 3，五位代码完全相同取值为 4。

持股比例。借鉴王雷等（2014）的研究，持股比例来自公司创业投资阅读招股说明书，查找创业投资机构在创业企业中的股权占比。

管理参与。本书主要从董事会、监事会和管理层三个层次来考察创业投资对创业公司的管理参与。运用王雷（2014）的研究方法，若公司创业投资者在创业企业获得董事会席位、监事会席位或出任管理人员，则取值为 1，否则为 0。

知识储备。借鉴已有研究，运用专利存量指标计算知识储备规模，存量指标的计算运用永续盘存方法，基于以下公式：$PS_t = (1 - \delta) PS_{t-1} + P_t$，其中，$PS_t$ 为 $t$ 年的专利存量，$\delta$ 为折旧率，遵循霍尔（Hall，1990）的方法将其设定为 15%，$P_t$ 为 $t$ 年的专利数量。

母公司行业特征。如果投资企业即母公司为高新技术企业，则取值为1，否则为0。

各变量的说明见表8-2，描述性统计结果见表8-3，制造业企业专利数量的平均值为22.28，标准差为32.79，最小值0与最大值183之间相差较大，说明制造业在上市初期存在一定的技术创新，但企业之间的创新水平存在差异。

表8-2                              条件和结果变量的说明

| 变量类型 | 测量维度 | 细分变量 | 变量符号 | 测度方法 |
|---|---|---|---|---|
| 结果变量 | 创新绩效 | 专利 | INO | 专利申请数总和 |
| 条件变量 | 组织间关系 | 技术契合度 | IND | 国民经济行业分类5位行业代码间的一致性程度 |
| | | 管理参与度 | MAN | 相关取值为1，否则为0 |
| | | 持股比例 | SR | 创投机构在创业企业中的持股比例 |
| | 母公司资源 | 知识储备 | KNR | $PS_t = (1-\delta)PS_{t-1} + P_t$ |
| | | 行业特征 | INC | 若母公司为高新技术企业，取值为1，否则为0 |

表8-3                            条件和结果变量的描述性统计结果

| 统计指标 | 条件变量 | | | | | 结果变量 |
|---|---|---|---|---|---|---|
| | 组织间关系 | | | 母公司资源 | | |
| | 技术契合度 | 持股比例 | 管理参与 | 行业特征 | 知识储备 | 创新绩效 |
| 均值 | 0.67 | 6.71 | 0.35 | 0.53 | 69.36 | 22.28 |
| 标准差 | 0.97 | 5.15 | 0.48 | 0.50 | 96.78 | 32.79 |
| 最小值 | 4 | 0.71 | 1 | 1 | 0 | 0 |
| 最大值 | 0 | 25.05 | 0 | 0 | 375.30 | 183 |

由于QCA是运用集合论的思想，为了使原始数据在集合论的思想上有解释意义，进而分析案例的几何关系，需要将变量进行校准。校准是一个赋予隶属分数的过程（Schneider et al.，2012）。参考已有研究，本书运用直接校准法，具体做法如下。

（1）对技术契合度的校准，借鉴坎贝尔等（Campbell et al.，2016）对技术契合度的校准方法，技术契合度分数为 4 时为完全隶属，分数为 0 时则为完全不隶属，分数为 2 时为交叉点。

（2）将除了取值为 0、1 的变量的锚点分别设定为样本数据的 75% 分位数、50% 分位数、25% 分位数，分别代表完全隶属点、交叉点以及完全不隶属点（Fiss，2011）。表 8-4 展示了条件变量与结果变量的校准结果。

表 8-4　　　　　　　　　条件和结果变量校准的说明

| 结果和条件 | 校准 | | |
|---|---|---|---|
| | 完全隶属 | 交叉点 | 完全不隶属 |
| 创新绩效 | 20 | 13 | 6 |
| 行业相关 | 4 | 2 | 0 |
| 管理参与 | 1 | — | 0 |
| 持股比例 | 8.02 | 5.25 | 3.13 |
| 知识储备 | 108.25 | 15.9 | 0 |
| 行业特征 | 1 | | |

## 8.3　组态分析过程结果

### 8.3.1　单条件必要性分析

在检验组态效应之前，要先对单个因素进行必要条件分析。一个因素是结果的必要条件意味着如果结果发生，这个因素必然存在（张明等，2019）。衡量必要条件通常使用"一致性"这一指标，参考现有研究（Stefan et al.，2013），将一致性阈值设置为 0.9。使用 fsQCA3.0 软件分别进行高创新绩效的必要条件分析，结果如表 8-5 所示，一致性水平均不超过 0.9，故五个条件变量均不构成必要条件。

表 8-5　　　　　　　　制造业企业高创新绩效必要性分析

| 变量 | 一致性 | 覆盖率 |
|---|---|---|
| *INC* | 0.6400 | 0.5883 |
| ~ *INC* | 0.3600 | 0.3860 |

| 变量 | 一致性 | 覆盖率 |
|------|--------|--------|
| KNR | 0.5937 | 0.6021 |
| ~ KNR | 0.5002 | 0.4835 |
| MAN | 0.3746 | 0.5239 |
| ~ MAN | 0.6254 | 0.4790 |
| IND | 0.2108 | 0.6237 |
| ~ IND | 0.8943 | 0.5315 |
| SR | 0.5527 | 0.5542 |
| ~ SR | 0.5586 | 0.5459 |

## 8.3.2 高创新绩效的充分性分析

充分性分析表明了导致结果的不同路径。本书参考拉盖恩（Rgain, 2008）的研究将组态分析的一致性阈值设定为 0.75，将频数阈值设定为 1。运用 fsQ-CA 软件进行分析时会出现三种解，分别为简单解、中间解以及复杂解。参照现有研究，本书结合简单解以及中间解进行汇报（Fiss, 2011）。组态分析结果见表 8 - 6，研究发现，解释高创业绩效的动力途径有 4 个，每条路径的一致性值均高于 0.8，说明 4 条构型可信度较高。且总体一致性 0.83，总体覆盖率为 0.52，解释效果理想。

表 8 - 6　　　　　　制造业企业高创新绩效充分条件分析

| 条件变量 | H1 | H2 | H3 | H4 |
|----------|------|------|------|------|
| 行业特征 | — | ● | ● | — |
| 知识储备 | ⊗ | ● | | ● |
| 管理参与 | ● | ⊗ | ● | ⊗ |
| 行业相关 | ⊗ | | ⊗ | ⊗ |
| 持股比例 | ⊗ | ⊗ | | ● |
| 原始覆盖率 | 0.10 | 0.19 | 0.08 | 0.27 |

续表

| 条件变量 | H1 | H2 | H3 | H4 |
|---|---|---|---|---|
| 唯一覆盖率 | 0.07 | 0.13 | 0.05 | 0.17 |
| 一致性 | 0.83 | 0.86 | 0.89 | 0.81 |
| 总体一致性 | 0.83 | | | |
| 总体覆盖度 | 0.52 | | | |

注：● = 核心条件存在，⊗ = 核心条件缺席，⊗ = 辅助条件缺席，"—"表示该条件可存在也可缺席。

　　横向分析各组态，没有因素在四条组态路径中均出现，这也验证了前文的必要性分析，任何条件都不是高创新绩效的必要条件。组态 H2 和组态 H3 具有一个相同的核心条件，即母公司为高新技术公司，但两个组态又具备其他边缘条件和核心条件。组态 H1 与组态 H4 具有一个共同的不存在的边缘条件，即技术契合度，但是其他的边缘条件与辅助条件的两个组态完全相反。

　　纵向分析这四条组态路径，各公司的高创新绩效，均受到组织间关系以及母公司资源的影响。为进一步识别这两个要素在公司的创新效率中的关系，可具体归纳为四种构型，具体将在下文展开讨论。

### 8.3.3　母公司管理参与型

　　母公司管理参与型对应表 9-4 中的组态 H1，该组态表明，若母公司在创业企业中有高级管理人员，在 CVC 持股比例不高、母公司知识储备不强的情况下，创业企业也能有较高的创新绩效。母公司通过向创业企业派遣高级人员并参与经营管理，行使决策权与监督权，形成对创业企业在经营决策上的控制。控制权与激励机制在风险投资中不可分开。哈特（1990）研究表明合理的控制权配置可以使管理者付诸行动，解决创业企业与母公司之间的利益冲突，将在很大程度上影响被控制企业的发展。母公司根据在过去的投资中获取的行业经验，评估项目成功的可能性，并对创业企业进行指导。管理层是进行企业创新决策的主体。组织间的交互式学习影响创新效率与创新效益，且基于信任与构建相同资本对交互式学习有积极意义，母公司调遣相应的管理人员参与创业企业管理是在双方信任的基础上产生的组织间交互学习的一种方式。母公司参与创业企业的管理，获得相应控制权，催生了创业企业的高绩效。该构型的代表性企业为科达利，该公司为金属制品类企业，母公司是上海宝山科技控股有限公司，母公司没有较强的知识储备，在科达利公司也没有较高的持股比例，但根据企查查，宝山科技控股有限公司作为母公司对中福特科技有限公司进行公司创业投资，对创业公司发展与创新积累了相应的经验。

### 8.3.4　母公司驱动型

母公司驱动型对应表 8 – 6 中的组态 H2。该组态表明当母公司有较强的知识储备，即在投资之前有较多的专利技术，结合母公司的高新技术企业行业属性，即使母公司与创业企业之间的组织间学习程度不高也可以促使创业企业提高绩效。该组态表明母公司的特性对制造业企业的创新绩效产生影响。知识储备越多，外部技术与内部技术产生的协同性越高，技术创新能力越强。目标企业丰富的知识储备增加了并购企业的技术知识，提高了并购企业的技术发展能力（张晨等，2020）。所以，母公司的知识储备为创业企业带来广泛的刺激源，刺激了创业企业的经营思维，催生了更多突破性的知识。在公司创业投资活动中，作为高新技术企业的母公司，不仅促进了双方的技术整合与再创新，也分担了创业企业的风险（Paik，2017），从而帮助新创企业抵御技术创新过程中的不确定性，促进创业企业的创新绩效。该构型的代表企业为英派斯，一家文娱用品制造业企业，其母公司为属于医药制造业的上海创诺医药集团有限公司，在对英派斯进行公司创业投资之前，该企业有一定的知识技术储备，在英派斯上市当年，其专利申请数高于样本企业平均个专利申请数。

### 8.3.5　母公司技术传递型

母公司技术传递型对应表 8  6 中组态 H3，该组态表明在母公司知识储备不丰富与技术契合度不高的情况下，母公司为高新技术企业以及在创业企业中有高级管理人员，创业企业有较高的创新绩效。此路径覆盖率只有 8%，母公司是高科技企业，但知识储备相对较低。大公司的良好的管理与治理机制，是促进公司建立联系或促进创业的重要保证。该组态表明，母公司为高新技术企业，其向创业企业委派的管理人员可以更有效、更全面地监督、约束和规范创业企业的行为，当创业企业遇到技术困难时，母公司也可以从专业角度提供有效帮助，从而提高创业企业的技术创新绩效。代表公司有联合广电，其母公司为厦门光博新能源科技有限公司，母公司的专利发明较少，然而联合广电在2018年的专利发明有3项。

### 8.3.6 母公司知识共享型

母公司知识共享型对应表8-6中组态H4，该组态表明，若母公司缺乏对创业公司的管理参与，持股比例与知识储备能弥补不足。较高的持股比例意味着双方有较强的合作意识，有助于提升组织成员之间分享知识和信息的意愿，促进母公司的知识分享活动。成立初期的创业企业往往管理经验以及内外部资源不足，具有成长脆弱性，此时与母公司建立友好的合作关系是创业企业的发展路径，母公司的知识储备是其进行知识分享活动的基础。所以，持股比例高，有利于母公司通过与创业企业的建立合作，从产品、市场、客户、平台全链打通进行资源赋能，提高创业企业的创新效率。该组态的代表企业为星源材质公司，其母公司为长园集团，虽然不是高新技术企业，但长园集团的知识储备丰富，在创业企业中的持股比例为10.4%，星源材质的专利申请数为45项。

### 8.3.7 稳健性检验

根据杜运周（2017）的研究，通过调整一致性阈值，将一致性阈值从0.75调整到0.8，其他数据的处理不变，结果分析发现，核心条件不变，边缘条件变化较小，一致性与覆盖率没有明显的变动，表明本书的研究结论稳健。

### 8.3.8 制造业企业低创新绩效的充分性分析

由表8-7可得，在制造业企业低创新绩效充分性分析条件组态中，两条路径的一致性分别为0.93与0.84，总体一致性和总体覆盖度分别达到0.91和0.36。这两条路径中，母公司不是高新技术企业以及母公司与子公司双方的行业相关较低分别都是必要条件以及边缘条件。组态H5覆盖率较高，包括较低的高新技术、母公司在创业企业中没有高级管理人员、较低的持股比例这三个核心条件以及技术契合度较低这边缘条件。

**表 8 - 7**　　　　　　　　　制造业企业低创新绩效充分性分析

| 条件变量 | H5 | H6 |
|---|---|---|
| 行业特征 | ⊗ | ⊗ |
| 知识储备 | — | ● |
| 管理参与 | ⊗ | ● |
| 行业相关 | ⊗ | ⊗ |
| 持股比例 | ⊗ | • |
| 原始覆盖率 | 0.29 | 0.07 |
| 唯一覆盖率 | 0.29 | 0.07 |
| 一致性 | 0.93 | 0.84 |
| 总体一致性 | 0.91 | |
| 总体覆盖度 | 0.36 | |

注：● = 核心条件存在，⊗ = 核心条件缺席，• = 辅助条件存在，⊗ = 辅助条件缺席，"—"表示该条件可存在也可缺席。

## 8.4　组态分析结论

本章以 2004 ~ 2014 年中小板与创业板上市公司中的制造业企业为样本，采用 fsQCA 方法，跨越多个案例揭示 CVC 介入下制造企业创新绩效的驱动机理。

从 CVC 双方驱动程度以及母公司特性两个维度出发，探讨母公司各项特性对创新绩效的作用机制，通过相关分析，得到以下结论。

（1）跨界投资更容易产生新知识。不同于传统的回归研究的相关研究结论，在产生高绩效组态视角得出的四个路径中，三个路径显示 CVC 双方的技术契合度缺席，一个路径显示技术契合度并不影响制造业企业产生高的创新绩效，结合制造业低创新绩效的组态分析，技术契合度低为导致低绩效的边缘条件。可能基于以下原因。首先，如果 CVC 之间的技术契合度高，那么竞争较强、模仿、窃取等行为会在 CVC 母公司中产生。创业公司会担心它们的创新知识会被 CVC 的母公司窃取，因为 CVC 在组织外与公司存在竞争关系 (Dushnitsky et al., 2006)。其次，跨界投资是企业间合作的新选择。有研究表明，跨界合作对先进制造业企业的创新能力有促进作用。在原本行业中吸收资源进行创新已经不能适应变幻莫测的环境，模糊不同行业的界限、融合不同学科的知识更能加速产品研发，实现创新突破。近年来很多跨界投资相继出现，如互联网企业选择投资新能源汽车、医疗健康以及娱乐传媒类公司。

（2）制造业企业创新能力提升存在 4 条路径：母公司管理参与型、母公司驱动、母公司技术传递型、母公司知识共享型。母公司是否为高新技术企业、不同的知识储备、组织间不同的学习程度都会导致异质性的创新路径，故而，制造业初创公司的创新绩效的高低符合集合的本质。导致高创新绩效的因素是多方面的，单方面的条件缺乏不足以使创业企业创新绩效降低。

（3）母公司为高新技术企业对于创业企业的发展更有效。当制造业企业的创新绩效较低时，"母公司为高新技术企业"这一条件必不存在，这表明"母公司不是高新技术企业"是创业企业产生低绩效的必要条件。高新技术企业是知识密集型与技术密集型的企业，具有技术创新性与领先性。高新技术企业的资源禀赋与技术优势面对外部环境变化具有很强的灵活性，在多数创业企业发展中起积极作用。同时，高新技术企业在进行创业投资时，会在创业企业的新技术的驱动下更主动地推动创新活动。

本章的研究为我国制造业创业企业通过 CVC 的介入提高创新绩效提供了启示，主要包括以下两个方面。

（1）新创企业中可增加 CVC 投资人的董事会、监事会和经理人席位。被投企业要根据自身的发展状况，客观、合理地接受 CVC 的战略意见，合理借鉴母公司先进的管理经验，促进创新成果的产出。

（2）制造业创业企业在选择 CVC 投资者时，可以不用选择与其技术契合度高的母公司，但要选择高新技术或者专利产出高的企业，使其更好地理解和吸收母公司的知识与技术。增加 CVC 母公司的管理人员数量或者风险投资机构的持股比例，沟通效率会更高，更能够提高创新产出。

## 8.5　提升对策

### 8.5.1　创业企业

控制权是公司治理的关键，投资者与创业企业之间的控制权配置是十分复杂的。在 CVC 与初创公司的合作框架下，通过对股权结构的优化，对创业者和风险投资者进行激励，有助于企业迅速、健康地发展。在 CVC 进入创业公司后，为了更好地发挥 CVC 的引导功能，必须进行适当的控制权分配。CVC 母公司和创业企业具有一定战略一致性的情况下，创业企业可多给予 CVC 母公司董事会、监事会的席位以及高管派遣数。创业者需要根据自己的发展状况，对 CVC 做出的重要战略决定进行客观、合理的选择。同时，积极主动吸收 CVC 母公司先进成熟的管理经验以及专业技术，以提高自身的创新能力。

初创公司寻求融资时，须在一定的原则下接受投资。投资公司的价值溢出会影响初创公司，从大的、高质量的 CVC 母公司那里得到资助，能够吸收更丰富的知识、技术，提高品牌宣传力；根据就近原则来选择大型企业，可为充分利用 CVC 的基础设施、研发实验室、近距离获取其运营指引及策略支援等有利条件。然而，在不确定性较高的市场环境下，CVC 母公司在应对新的环境风险的冲击时，其自身会不断地寻找新的技术、资讯、储备知识以求自保，从而削弱对新创企业的支持力度。CVC 多元化的投资组合对创业公司的增值具有互补作用，因此初创公司应先了解投资企业的投资的多元化程度再确定方案，此外，CVC 投资组合中其他创业企业的各种资讯也需了解，这样才能根据 CVC 组合的总体品质确定融资策略，实现公司价值最大化。

企业的价值增长应着重于企业的学习和创新。企业的核心竞争力在于企业的学习和创新。CVC 活动须在多个领域进行实践，一旦单一化，就会导致路径依赖和思维僵化。企业应在广阔的世界中进行探索，并把最新的尖端技术吸收成自己的长处。为此，应重视建立一个良好的学习环境，建立多元化的学习机制。

### 8.5.2　CVC 单元与 CVC 母公司

针对 CVC 母公司与初创企业的技术契合程度不够高的问题，母公司必须明确其战略定位，并结合其主营业务及未来发展战略，选择适当的创业公司进行投资，并尽量将资金投向与其主营业务相关的创业公司。要充分掌握创业公司的行业以及市场状况，并针对性地派遣高管，提供先进技术、上下游产业资源、管理经验、供应商等，为初创公司创新提供帮助。同时，CVC 母公司应进一步改进派遣人员激励机制，CVC 控制权对初创公司研发投资强度没有显著影响，要鼓励 CVC 积极参与初创公司重大决策和日常运营。在帮初创公司进行重要的战略决策之前，要全面地考虑到公司的发展状况，这样可以更好地预测未来的发展，从而减少失败的风险。

创业企业获得母公司互补的知识资源时，必然伴随着过度依赖和被锁定的风险。关系专用资产在公司创业投资的跨组织合作中是必要的，但极有可能导致潜在的交易网络封闭和机会主义行为风险，从而使创业企业丢失竞争优势。过多的关系专用资产对创业企业的创新有害，因此应对母公司所投入的关系专用资产保持审慎的态度，在合作的同时谨防自身对母公司的过度依赖以及可能发生的道德风险行为。母公司在指导创业企业时，要端正自己的投资态度，与初创公司建立平等互助的投资关系。对已取得的创业公司控制权，不能为了自己的利益而进行争抢，也不能将公司的核心技术成果泄漏出去或者盗窃走。要积极主动地为创业者提供增值服务，并虚心向其学习创意和技术，以实现双赢。

投资于多个创业项目是目前 CVC 投资的一种非常普遍和重要的投资模式，母公司在进行 CVC 投资决策时，既要考虑其投资规模，也要从异质性的角度考虑行业、技术、地域等因素。多元化的投资组合与投资企业价值的关系为 U 型，说明 CVC 母公司应谨慎选择合适的创业企业组合，并对投资组合多元化进行适当的调整和配置，以实现 CVC 母公司价值多元化。又因为地理距离的正向调节效应，投资方要考虑与被投资企业的距离，这样才能提升学习效率。在不确定的情况下，CVC 母公司要采取多种投资组合战略来深入发掘各类新兴产业的知识与技术，在市场环境中发现并抓住机遇，从而形成独特的竞争优势。

从宏观角度来讲，CVC 作为一个特殊的创业投资方式，不能脱离整体创业投资环境而单独存在，所以需要重视投资环境的改善。从微观角度来讲，在进行 CVC 项目投资时，要制定确切的目标并依此投资，若投资方仅仅是为了获得经济利益而不对被投资方进行指导，初创公司仅仅是寻求融资而忽略了与 CVC 的战略合作关系，将会严重影响 CVC 的投资效果。所以，投资 CVC 公司的第一步就是对公司价值以及成长空间进行谨慎的判断，要端正投资态度，不要急于求成、盲目跟风。

### 8.5.3 相关部门

随着我国风险资本市场的迅速发展，公司创业投资已经成为我国创业公司的主要资本来源，因此，要健全市场秩序，为其发展创造有利的条件。例如，不断深化社会信用制度的改革，完善我国的征信制度，收集和建立信用查询平台，使企业之间可以通过标准化信用信息平台来确定合作意愿，帮助企业达成合作意向。同时，有关部门要制定相应激励政策来促进 CVC 母公司和初创公司的研发投入和创新产出，增强创业企业的创新能力。

政府相关部门需持续地进行市场化建设，对地区经济政策进行持续的改进，推动各地区之间的企业之间的经济往来，提高生态链上不同位置的公司对其他的取舍权，有效缓解不同生态链位置的企业所产生的过度信任与依赖。

# 参 考 文 献

[1] 卜华白. 价值网结构、嵌入选择与创业绩效研究——基于创业战略契合视角 [J]. 技术经济与管理研究, 2014 (05).

[2] 蔡铂, 聂鸣. 产业集群的创新机理研究 [J]. 研究与发展管理, 2006 (01).

[3] 曹春方, 周大伟, 吴澄澄. 信任环境、公司治理与民营上市公司投资－现金流敏感性 [J]. 世界经济, 2015, 38 (05).

[4] 陈冬华, 陈信元, 万华林. 国有企业中的薪酬管制与在职消费 [J]. 经济研究, 2005 (02).

[5] 陈栋, 陈运森. 银行股权关联、货币政策变更与上市公司现金管理 [J]. 金融研究, 2012 (12).

[6] 陈国权, 刘薇. 企业组织内部学习、外部学习及其协同作用对组织绩效的影响——内部结构和外部环境的调节作用研究 [J]. 中国管理科学, 2017, 25 (05).

[7] 陈劲, 李飞宇. 社会资本: 对技术创新的社会学诠释 [J]. 科学学研究, 2001, 19 (03).

[8] 陈峻, 王雄元, 彭旋. 环境不确定性、客户集中度与权益资本成本 [J]. 会计研究, 2015 (11).

[9] 陈森发, 刘瑞翔. 控制权在创业企业中的分配机制研究 [J]. 东南大学学报 (哲学社会科学版), 2006 (05).

[10] 陈涛, 党兴华, 贾窦洁. 创业企业控制权模式选择研究 [J]. 运筹与管理, 2018, 27 (02).

[11] 陈洋林, 宋根苗, 张长全. 税收优惠对战略性新兴产业创新投入的激励效应评价——基于倾向评分匹配法的实证分析 [J]. 税务研究, 2018 (08).

[12] 戴德明, 王茂林, 林慧婷. 外部治理环境、控制权私有收益与上市公司高管晋升效率 [J]. 经济与管理研究, 2015, 36 (01).

[13] 党兴华, 贺利平, 王雷. 基于典型相关的风险企业控制权结构与企业成长能力的实证研究 [J]. 软科学, 2008 (04).

[14] 邓峰，李亚慧. 管理层能力、产权性质与创新投入——基于高技术上市公司的经验证据 [J]. 工业技术经济，2019，38（01）.

[15] 翟丽，鹿溪，宋学明. 上市公司参与公司风险投资的收益及其影响因素实证研究 [J]. 研究与发展管理，2010，22（05）.

[16] 董静，徐婉渔. 公司风险投资："鱼水相依"抑或"与鲨共舞"？——文献评述与理论建构 [J]. 外国经济与管理，2018，40（02）.

[17] 董维维，庄贵军，王鹏. 调节变量在中国管理学研究中的应用 [J]. 管理学报，2012，9（12）.

[18] 杜运周，贾良定. 组态视角与定性比较分析（QCA）：管理学研究的一条新道路 [J]. 管理世界，2017（06）.

[19] 范雪艳. 公司创业投资对企业创新的影响 [J]. 经贸实践，2017（15）.

[20] 高闯，张清. 创业企业家和创业投资者的控制权争夺 [J]. 经济与管理研究，2017，38（06）.

[21] 顾群，李敏，郑杨. 控制权私有收益对企业双元创新平衡影响研究：公司治理的调节作用 [J]. 贵州财经大学学报，2018（02）.

[22] 郭丽红，薛伟贤. 垂直性 R&D 合作的成本分配研究 [J]. 西安理工大学学报，2004，20（01）.

[23] 郭明杰，费堃桀. 供给侧改革下的财政政策研究——以河南省为例 [J]. 创新科技，2018，18（02）.

[24] 胡刘芬，周泽将. 风险投资机构持股能够缓解企业后续融资约束吗？——来自中国上市公司的经验证据 [J]. 经济管理，2018，40（07）.

[25] 黄晓，陈金丹，于斌斌. 环境不确定性与本地投资偏好——基于中国本土 VC 样本的研究 [J]. 科学学与科学技术管理，2015，36（09）.

[26] 黄小琳，朱松，陈关亭. 持股金融机构对企业负债融资与债务结构的影响——基于上市公司的实证研究 [J]. 金融研究，2015（12）.

[27] 黄中伟，王宇露. 位置嵌入、社会资本与海外子公司的东道国网络学习——基于 123 家跨国公司在华子公司的实证 [J]. 中国工业经济，2008（12）.

[28] 霍沛军，宣国良. 纵向一体化对下游企业 R&D 投资的效应 [J]. 管理工程学报，2002，16（01）.

[29] 贾军，史普润，魏雅青. 关系专用资产对企业创新的锁定效应研究——战略导向的中介效应 [J]. 科技进步与对策，2021，38（12）.

[30] 黎振强，王英. 地理邻近性与认知邻近性对创新绩效的影响分析——基于知识获取的中小高新技术企业的实证研究 [J]. 求是学刊，2015，42（06）.

[31] 李凯，郭晓玲. 买方势力与技术创新：研究综述与未来展望 [J]. 科研管理，2019, 40 (04).

[32] 李凯，刘智慧，苏慧清，陈安平. 买方抗衡势力对上游企业质量创新的影响——基于零 Stackelberg 竞争的分析 [J]. 运筹与管理，2014, 23 (06).

[33] 李香梅，袁玉娟，戴志敏. 控制权私有收益、公司治理与非效率投资研究 [J]. 华东经济管理，2015, 29 (03).

[34] 连玉君，廖俊平. 如何检验分组回归后的组间系数差异？[J]. 郑州航空工业管理学院学报，2017, 35 (06).

[35] 林子尧，李新春. 公司创业投资与上市公司绩效：基于中国数据的实证研究 [J]. 南方经济，2012 (06).

[36] 刘浩，孙铮. 会计准则的产生与制定权归属的经济学解释——来自企业所有权理论的观点 [J]. 会计研究，2005 (12).

[37] 刘建香. 技术购买与公司风险投资——大企业从外部获取技术创新源的两种方式之比较 [J]. 科技管理研究，2008, 28 (09).

[38] 刘建香. 公司创业投资的概念、内涵及模式 [J]. 现代管理科学，2008 (03).

[39] 刘露. 企业资源如何影响企业绩效：一个基于中介过程的研究 [J]. 当代经济管理，2017, 39 (07).

[40] 刘铭，姚岳. 企业技术创新绩效评价指标体系研究 [J]. 甘肃社会科学，2014 (04).

[41] 刘学元，丁雯婧，赵先德. 企业创新网络中关系强度、吸收能力与创新绩效的关系研究 [J]. 南开管理评论，2016, 19 (01).

[42] 刘志迎，李芹芹. 产业链上下游链合创新联盟的博弈分析 [J]. 科学学与科学技术管理，2012, 33 (06).

[43] 鲁银梭. 创投引入后的控制权配置与创业企业成长关系的模型构建 [J]. 商业时代，2014 (08).

[44] 鲁照旺. 产权与控制权激励 [J]. 生产力研究，2008 (03).

[45] 陆方舟，陈德棉，乔明哲. 公司创业投资目标、模式与投资企业价值的关系——基于沪深上市公司的实证研究 [J]. 投资研究，2014, 33 (01).

[46] 马朝良. 产业链现代化下的企业协同创新研究 [J]. 技术经济，2019, 38 (12).

[47] 彭学兵，胡剑锋. 初创企业与成熟企业技术创业的组织方式比较研究 [J]. 科研管理，2011, 32 (07).

[48] 任丽丽. 组织间关系的社会逻辑观评介 [J]. 外国经济与管理, 2009, 31 (08).

[49] 邵敏, 包群. 出口企业转型对中国劳动力就业与工资的影响: 基于倾向评分匹配估计的经验分析 [J]. 世界经济, 2011, 34 (06).

[50] 宋效中, 程玮. 上市公司风险投资对经营绩效的影响 [J]. 会计之友, 2014 (11).

[51] 孙健, 白全民. 人力资本对农村经济增长影响的实证研究 [J]. 广东社会科学, 2010 (06).

[52] 田轩, 丁娜. 风险投资如何支持创业企业 [J]. 清华金融评论, 2016 (04).

[53] 万坤扬, 陆文聪. 公司创业投资组合多元化与企业价值——组织冗余的调节作用 [J]. 经济管理, 2014, 36 (09).

[54] 万坤扬. 公司创业投资对企业价值创造的影响机制——基于CVC项目异质性视角 [J]. 工业技术经济, 2015, 34 (02).

[55] 汪涛, 于雪, 崔楠. 基于注意力基础观的企业内部研发与合作创新交互效应研究——财务松弛和信息技术的调节作用 [J]. 研究与发展管理, 2020, 032 (001).

[56] 王昌林, 蒲勇健. 企业技术创新中的控制权激励机制研究 [J]. 管理工程学报, 2005 (03).

[57] 王春艳, 林润辉, 袁庆宏, 李娅, 李飞. 企业控制权的获取和维持——基于创始人视角的多案例研究 [J]. 中国工业经济, 2016 (07).

[58] 王发明, 邵冲, 应建仁. 基于产业生态链的经济技术开发区可持续发展研究 [J]. 城市问题, 2007 (05).

[59] 王国才, 刘栋, 王希凤. 营销渠道中双边专用性投资对合作创新绩效影响的实证研究 [J] 南开管理评论, 2012, 14 (06).

[60] 王雷, 党兴华. 剩余控制权、剩余索取权与公司成长绩效——基于不完全契约理论的国有上市公司治理结构实证研究 [J]. 中国软科学, 2008 (08).

[61] 王雷, 黄欢欢. 公司创业投资与企业控制权配置: 基于技术契合视角 [J]. 科学决策, 2019 (02).

[62] 王雷, 周方召. 公司创业投资比独立创业投资更能促创新吗?——基于上市公司的实证研究 [J]. 科学学与科学技术管理, 2017, 38 (10).

[63] 王雷. 专用性投资、信任与创业企业控制权治理 [J]. 管理科学, 2014, 27 (05).

[64] 王雅，刘希成．经济增加值对企业价值相关性的实证分析 [J]．北京理工大学学报（社会科学版），2011，13（03）．

[65] 王永贵，刘菲．信任有助于提升创新绩效吗——基于 B2B 背景的理论探讨与实证分析 [J]．中国工业经济，2019（12）．

[66] 魏江，郑小勇．关系嵌入强度对企业技术创新绩效的影响机制研究——基于组织学习能力的中介性调节效应分析 [J]．浙江大学学报（人文社会科学版），2010，40（06）．

[67] 温忠麟，侯杰泰，张雷．调节效应与中介效应的比较和应用 [J]．心理学报，2005，37（02）．

[68] 温忠麟，叶宝娟．中介效应分析：方法和模型发展 [J]．心理科学进展，2014，22（05）．

[69] 温忠麟．张雷，侯杰泰，刘红云．中介效应检验程序及其应用 [J]．心理学报，2004（05）．

[70] 吴爱华，苏敬勤，杜小军．专用性投资、知识及环境对合作创新决策的影响 [J]．管理学报，2014，11（04）．

[71] 吴思静，赵顺龙．知识重叠和保持能力对联盟运作的研究 [J]．科技进步与对策，2011，28（05）．

[72] 吴祖光，万迪昉，康华．客户集中度、企业规模与研发投入强度——来自创业板上市公司的经验证据 [J]．研究与发展管理，2017，29（05）．

[73] 徐晨阳．资产专用性对营运资本平滑作用的影响研究——基于供应商集中度的视角 [J]．中国软科学，2018（01）．

[74] 徐菁，黄珺．大股东控制权收益的分享与控制机制研究 [J]．会计研究，2009（08）．

[75] 徐宁，徐向艺．控制权激励双重性与技术创新动态能力——基于高科技上市公司面板数据的实证分析 [J]．中国工业经济，2012（10）．

[76] 徐细雄，刘星．基于控制权私有收益视角的可转债融资的治理效应研究 [J]．管理学报，2012，9（03）．

[77] 徐子尧．公司型风险投资增加了新创企业的价值吗？[J]．经济理论与经济管理，2016，36（04）．

[78] 杨继国，童香英．逆向激励、国有企业监督与职工剩余控制权 [J]．中国工业经济，2006（07）．

[79] 杨瑞龙，聂辉华．不完全契约理论：一个综述 [J]．经济研究，2006（02）．

［80］姚枝仲，周素芳．劳动力流动与地区差距［J］．世界经济，2003，026（04）．

［81］易靖韬，张修平，王化成．企业异质性、高管过度自信与企业创新绩效［J］．南开管理评论，2015，18（06）．

［82］尹航，张雨涵，刘佳欣．组织距离、知识流动对联盟企业突破式创新的影响［J］．科研管理，2019，40（01）．

［83］于茂荐．专用性投资治理模式选择对于企业绩效影响研究——基于上市公司的经验证据［J］．西安电子科技大学学报（社会科学版），2014（04）．

［84］袁鲲．控制权分配与价值评估——一个不对称信息下风险投资的融资决策模型［J］．产业经济研究，2010（06）．

［85］曾德明，李励，王泓略．研发强度对二元式创新的影响——来自汽车产业上市公司的实证研究［J］．科学学与科学技术管理，2016，37（01）．

［86］张晨，万相昱．并购能够提高创新性么——来自高新技术产业上市公司的实证［J］．科技进步与对策，2020，37（01）．

［87］张萃．技术努力、对外贸易与中国工业企业技术升级——基于企业异质性视角的分析［J］．暨南学报（哲学社会科学版），2014（09）．

［88］张明，陈伟宏，蓝海林．中国企业"凭什么"完全并购境外高新技术企业——基于94个案例的模糊集定性比较分析（fsQCA）［J］．中国工业经济，2019（04）．

［89］张琼．交叉持股促进纵向合作创新——以核酸诊断产业链上下游企业合作研发为例［J］．商场现代化，2012（30）．

［90］张维迎，柯荣住．信任及其解释：来自中国的跨省调查分析［J］．经济研究，2002（10）．

［91］赵凯．信息不对称时产业链企业研发投资行为及产业集群效应分析［J］．产业经济研究，2015（04）．

［92］周迎．中小板上市公司的研发投入研究［J］生产力研究，2008（11）．

［93］邹双，成力为．风险投资进入对企业创新绩效的影响——基于创业板制造业企业的PSM检验［J］．科学学与科学技术管理，2017，38（02）．

［94］Aghion P, Bolton P. An incomplete contracts approach to financial contracting ［J］. The Review of Economic Studies, 1992, 59 (03).

［95］Agrawal A, Cockburn I, Mchale J. Gone but not forgotten：knowledge flows, labor mobility, and enduring social relationships ［J］. Social Science Electronic Publishing, 2006, 6 (05).

［96］ Aiken L S, West S G. Multiple regression: Testing and interpreting interactions ［M］. Thousand Oaks, 1991.

［97］ Alvarez-Garrido E, Dushnitsky G. Are entrepreneurial venture's innovation rates sensitive to investor complementary assets? Comparing biotech ventures backed by corporate and independent VCs ［J］. Strategic Management Journal, 2016, 37 (05).

［98］ Arosa B, Iturralde T, Maseda A. The board structure and firm performance in SMEs: Evidence from Spain ［J］. Investigaciones Europeas de Dirección y Economía de la Empresa, 2013, 19 (03).

［99］ Ahuja G, Katila R Technological acquisitions and the innovation performance of acquiring firms: a longitudinal study ［J］. Strategic Management Journal, 2001, 22 (03).

［100］ Baron R M, Kenny D A. The moderator-mediator variable distinction in social psychological research: Conceptual, strat egic, and statist ical considerations. Journal of Personalit y and Social Psychology, 1986, 51 (06).

［101］ Bart Nooteboom. Institutions and forms of co-ordination in innovation systems ［J］. Organization Studies, 2000, 21 (05).

［102］ Basu S, Phelps C, Kotha S. Towards understanding who makes corporate venture capital investments and why ［J］. Journal of Business Venturing, 2011, 26 (02).

［103］ Belderbos René, Carree M et al. Inter-temporal patterns of R&D collaboration and innovative performance ［J］. The Journal of Technology Transfer, 2015, 40 (01).

［104］ Bertoni F, Colombo M G, Grilli L. Venture capital investor type and the growth mode of new technology-based firms ［J］. Small Business Economics, 2013, 40 (03).

［105］ Block Z, MacMillan I C. Corporate venturing: Creating new businesses within the firm. ［M］ Harvard Business School Press, 1993.

［106］ Bloom N, Schankerman M, van Reenen J. Identifying technology spillovers and product market rivalry ［J］. Econometrica, 2013, 81 (04)

［107］ Bradley S W, Shepherd D A, Wiklund J. The importance of slack for new organizations facing 'tough' environments ［J］. Journal of Management Studies, 2011, 48 (05).

［108］ Campbell J T, Sirmon D G, Schijven M. Fuzzy logic and the market:

A configurational approach to investor perceptions of acquisition announcements [J]. Academy of Management Journal, 2016, 59 (01).

[109] Cantner U, Graf H. The network of innovators in Jena: An application of social network analysis [J]. Research Policy, 2006, 35 (04).

[110] Catalini C. Microgeography and the direction of inventive activity [J]. Management Science 2018, 64 (09).

[111] Chemmanur T J, Loutskina E, Tian X. Corporate venture capital, value creation, and innovation [J]. Social Science Electronic Publishing, 2011, 27 (08).

[112] Chesbrough Henry W. Making sense of corporate venture capital [J]. Harvard business review, 2002, 80 (03).

[113] Christiana W, Barbara W. Corporate venture capital organizations in germany [J]. Venture Capital, 2005, 7 (01).

[114] Cohen W M, Levinthal D A. Absorptive capacity: A new perspective on learning and innovation [J]. Administrative Science Quarterly, 1990, 35 (01).

[115] Coleman J S. Foundations of social theory [M]. Harvard University Press, 1994.

[116] Colombo M G, Murtinu S. Venture capital investments in europe and portfolio firms' economic performance: Independent versus corporate investors [J]. Journal of Economics & Management Strategy, 2017, 26 (01).

[117] David R J, Han S K. A systematic assessment of the empirical support for transaction cost economics [J]. Strategic Management Journal, 2004, 25 (01).

[118] Dosi G. Sources, procedures, and microeconomic effects of innovation [J]. Journal of Economic Literature, 1988, 26 (03).

[119] Doz Y L. The evolution of cooperation in strategic alliances: Initial conditions or learning processes? [J]. Strategic Management Journal, 1996, 17 (S1).

[120] Dushnitsky G, Lavie D. How alliance formation shapes corporate venture capital investment in the software industry: A resource-based perspective [J]. Strategic Entrepreneurship Journal, 2010, 4 (01).

[121] Dushnitsky G, Shaver M. Limitations to inter-organizational knowledge acquisition: The paradox of corporate venture capital [J]. Strategic Management Journal, 2009, 30 (10).

[122] Dushnitsky G, Lenox M J. When does corporate venture capital investment create firm value? [J]. Journal of Business Venturing, 2006, 21 (06).

［123］Dushnitsky G, Lenox M J. When do firms undertake R&D by investing in new ventures？［J］. Strategic Management Journal, 2005, 26（10）.

［124］Dyck A, Zingales L. Control premiums and the effectiveness of corporate governance systems：Global corporate governance［J］. Journal of Applied Corporate Finance, 2004, 16（2 - 3）.

［125］Dyer J H, Nobeoka K. Creating and managing a high-performance knowledge-sharing network：The Toyota case［J］. Strategic Management Journal, 2000, 21（03）.

［126］Dyer J H, Singh H. The relational view：Cooperative strategy and sources of interorganizational competitive advantage［J］. Academy of Management Review, 1998, 23（04）.

［127］Edwards J R, Lambert L S. Methods for integrating moderation and mediation：A general analytical framework using moderated path analysis［J］. Psychological Methods, 2007, 12（01）.

［128］Fama E F, Jensen M C. Separation of ownership and control［J］. Journal of Law and Economics, 1983, 26（02）.

［129］Fan X Y. The Influence of corporate venture capital on enterprise innovation［J］. Economic and Trade Practice, 2017, 15.

［130］Fiss P C. Building better causal theories：A fuzzy set approach to typologies in organization research［J］. Academy of Management Journal, 2011, 54（54）.

［131］Fleming L, King C, Juda A I. Small worlds and regional innovation［J］. Organization Science, 2007（12）.

［132］Freda Kemp. Applied multiple regression/correlation analysis for the behavioral sciences［J］. Journal of the Royal Statistical Society：Series D（The Statistician）, 2003, 52（04）.

［133］Fulghieri P, Sevilir M. Organization and financing of innovation, and the choice between corporate and independent venture capital［J］. Journal of Financial and Quantitative Analysis, 2009a, 44（06）.

［134］Gaba V, Bhattacharya S. Aspirations, innovation, and corporate venture capital：A behavioral perspective［J］. Strategic Entrepreneurship Journal, 2012, 6（02）.

［135］Galloway T L, Miller D R et al. Exploring the innovation strategies of young firms: Corporate venture capital and venture capital impact on alliance innovation strategy [J]. Journal of Business Research, 2017, 71.

[136] García-Carbrera A M et al. Entrepreneurs' resources, technology strategy, and new technology-based firms' performance. [J]. Journal of Small Business Management, 2019, 57 (04).

[137] Garrido E A, Dushnitsky G. Are entrepreneurial venture's innovation rates sensitive to investor complementary assets? comparing biotech ventures backed by corporate and independent VCs [J]. Strategic Management Journal, 2016, 37 (05).

[138] Gary D, Dovev L. How alliance formation shapes corporate venture capital investment in the software industry: A resource-based perspective [J]. Strategic Entrepreneurship Journal, 2010, 4 (01).

[139] Gautam A, Riitta K. Technological acquisitions and the innovation performance of acquiring firms: A longitudinal study [J]. Strategic ManAgement Journal, 2001, 22 (03).

[140] Gentry R, Dibrell C, Kim J. Long-term orientation in publicly traded family businesses: Evidence of a dominant logic [J]. Entrepreneurship Theory and Practice, 2016, 40 (04).

[141] Ginsberg A, Hasan I, Tucci C L. The influence of corporate venture capital investment on the likelihood of attracting a prestigious underwriter [J]. International Corporate Governance 2011, 14.

[142] Gompers P, Lerner J. The determinants of corporate venture capital success: Organizational structure, incentives, and complementarities [M]. University of Chicago Press, 2000.

[143] Grossman S J, Hart O D. One Share-One vote and the market for corporate control [J]. Journal of Financial Economics, 1988, 20 (1−2).

[144] Grullon G, Kanatas G, Kumar P. The impact of capital structure on advertising competition: An empirical study [J]. Journal of Business, 2006, 79 (06).

[145] Guo B, Lou Y, Castrillo D P. Investment, duration, and exit Strategies for corporate and independent venture Capital-Backed Start-Ups [J]. Journal of Economics and Management Strategy, 2015, 24 (02).

[146] Haleblian J, Finkelstein S. The influence of organizational acquisition experience on acquisition performance: A behavioral learning perspective [J]. Administrative Science Quarterly 1999, 44 (01).

［147］Hall B H. The manufacturing sector master file: 1959 – 1987 ［J］. NBER Working Papers, 1990, 3 (03).

［148］Hann R N, Ogneva M, Ozbas O. Corporate diversification and the cost of capital ［J］. Journal of Finance, 2013, 68 (05).

［149］Hans G G, Ritter T, Heydebreck P. Network configuration and innovation success: An empirical analysis in German high-tech industries ［J］. International Journal of Research in Marketing, 1996, 13 (05).

［150］Harris M, Kriebel C H, Raviv A. Asymmetric information, incentives and intrafirm resource allocation ［J］. Management Science, 1982, 28 (06).

［151］Hart O. Property rights and the nature of the firm ［J］. Journal of Political Economy, 1990, 98 (06).

［152］Hausman J A, Hall B H, Griliches Z. Econometric models for count data with an application to the patents-R&D relationship ［J］. Social Science Electronic Publishing, 1984, 52 (04).

［153］Helena Y R, Erkko A, Harry J S. Social capital, knowledge acquisition, and knowledge exploitation in young technology-based firms ［J］. Strategic Managem ent Journal, 2001, 22 (07).

［154］Henderson J, Leleux B. Corporate venture capital: Realizing resource combinations and transfers ［M］. International Studies in Entrepreneurship, 2005.

［155］Henricks M. Answering the call ［J］. Entrepreneur, 2002, 30 (07).

［156］Hillman A J, Withers M C, Collins B J. Resource dependence theory: A review ［J］. Journal of Management, 2009, 35 (06).

［157］Ho S S H, Peng M Y P. Managing resources and relations in higher education institutions: A framework for understanding performance improvement ［J］. Educational Sciences: Theory & Practice, 2016, 16 (01).

［158］Ireland R D, Webb J W. Strategic entrepreneurship: Creating competitive advantage through streams of innovation ［J］. Business Horizons, 2007, 50 (01).

［159］Ishii A. Cooperative R&D between vertically related firms with spillovers ［J］. International Journal of Industrial Organization, 2004, 22 (8 – 9).

［160］Ivanov V I, Xie F. Do corporate venture capitalists add value to Start-Up firms? evidence from IPOs and acquisitions of VC-Backed companies ［J］. Financial Management, 2010, 39 (01).

［161］Jaffe A B, Trajtenberg M, Henderson R. Geographic localization of knowledge spillovers as evidenced by patent citations [J]. Quarterly Journal of Economics, 1993, 108 (03).

[162] Jeffrey H Dyer, Harbir Singh. The relational view: Cooperative strategy and sources of interorganizational competitive advantage [J]. The Academy of Management Review, 1998, 23 (04).

[163] Jensen M C, Meckling W H. Theory of the firm: Managerial behavior, agency costs and ownership structure [J]. Social Science Electronic Publishing, 1976, 3 (04).

[164] Jo T L, Halvor M. With or without U? The appropriate test for a U-Shaped relationship [J]. Oxford Bulletin of Economics and Statistics, 2010, 72 (01).

[165] Jonsson O. Innovation processes and proximity: The case of Ideon firms in Lund, Sweden [J]. European Planning Studies, 2002, 10 (06).

[166] Kanniainen V, Keuschnigg C. Start-up investment with scarce venture capital support [J]. Journal of Banking & Finance, 2004, 28 (08).

[167] Katila R, Ahuja G. Something old, Something new: A longitudinal study of search behavior and new product introduction [J]. Academy of Management Journal, 2002, 45 (06).

[168] Keil T. Building external corporate venturing capability [J]. Journal of Management Studies, 2004, 41 (05).

[169] Keit T, Zahra S A, Maula M V J. Explorative and exploitative learning from corporate venture capital, a model of program determinants [J]. Academy of Management Proceedings, 2004 (01).

[170] Khanna T, Gulati R, Nohria N. The dynamics of learning alliances: Competition, cooperation, and relative scope [J]. Strategic Management Journal 1998, 19 (03).

[171] Kim K, Gopal A, Hoberg G. Does product market competition drive CVC investment? Evidence from the U. S. IT industry [J]. Information Systems Research, 2016, 27 (02).

[172] Knyphausenaufseb D Z. Corporate venture capital: Who adds value? [J]. Venture Capital 2005, 7 (01).

[173] Lane P J, Lubatkin M. Relative absorptive capacity and interorganizational learning [J]. Strategic Management Journal, 1998, 19 (05).

［174］ Laura Poppo, Kevin Zheng Zhou, Julie J Li. When can you trust "trust"? Calculative trust, relational trust, and supplier performance ［J］. Strategic Management Journal, 2016, 37 (04).

［175］ Lorenzo F D, Vareska V. Tapping into the knowledge of incumbents: The role of corporate venture capital investments and inventor mobility ［J］. Strategic Entrepreneurship Journal, 2018, 13 (01).

［176］ Macmillan I C, Block Z, Narasimha P N S. Corporate venturing: Alternatives, obstacles encountered, and experience effects ［J］. Journal of Business Venturing, 1986, 1 (02).

［177］ Maiti B C Giri. A closed loop supply chain under retail price and product quality dependent demand ［J］. Journal of Manufacturing Systems, 2015, 37 (03).

［178］ Manso G. Motivating Innovation ［J］. The Journal of Finance, 2011, 66 (05).

［179］ Manu F A, Sriram V. Innovation, marketing strategy, environment, and performance ［J］. Journal of Business Research, 2004, 35 (01).

［180］ Masulis R W, Nahata R. Financial contracting with strategic investors: Evidence from corporate venture capital backed IPOs ［J］. Journal of Financial Intermediation, 2009, 18 (04).

［181］ Matuaik S F, Fitza M A. Diversification in the venture capital industry: Leveraging knowledge under uncertainty ［J］. Strategic Management Journal, 2012, 33 (04).

［182］ Maula M, Murray G. Corporate venture capital and the creation of US public companies: The impact of sources of venture capital on the performance of portfolio companies ［M］ John Wiley & Sons, Ltd, 2017.

［183］ Maula M V J, Erkko A, Gordon C. Corporate venture capital and the balance of risks and rewards for portfolio companies—ScienceDirect ［J］. Journal of Business Venturing, 2009, 24 (03).

［184］ McNally K. Corporate venture capital: Bridging the equity gap in the small business sector ［M］. Routledge, 1997.

［185］ Morck R, Shleifer A, Vishny R. Management ownership and market valuation: An empirical analysis ［J］. Journal of Financial Economics, 1988, 20 (1 - 2).

［186］ Mowery D C, Oxley J E, Silverman B S. Technological overlap and interfirm cooperation: Implications for the resource-based view of the firm [J]. Research Policy, 1998, 27 (05).

[187] Nóra O, Viktoria E T. Organizational dynamics: Exploring the factors affecting knowledge sharing behavior [J]. Kybernetes, 2019, 49 (01).

[188] Oliver E. Williamson. The economics of internal organization: Exit and voice in relation to markets and hierarchies [J]. The American Economic Review, 1976, 66 (02).

[189] O'Sullivan M. The Innovative Enterprise and Corporate Governance [J]. Cambridge Journal of Economics, 2000, 24 (04).

[190] Paik Y, Woo H. The effects of corporate venture capital, founder incumbency, and their interaction on entrepreneurial firms' R&D investment strategies [J]. Organization Science, 2017, 28 (04).

[191] Park H D, Steensma H K. When does corporate venture capital add value for new ventures? [J] Strategic Management Journal, 2012, 33 (01).

[192] Parkhe A. Building trust in international alliances [J]. Journal of World Business, 1998, 33 (04).

[193] Pol A, Chor D. Organizing the global value chain [J]. Econometrica, 2013, 81 (06).

[194] Poppo L, Zenger T. Do formal contracts and relational governance function as substitutes or complements? [J]. Strategic Management Journal, 2002, 23 (08).

[195] Robinson D T, Kaplan S N, Strömberg P et al. Strategic alliances and the boundaries of the firm [J]. Review of Financial Studies, 2008, 21 (02).

[196] Rosenbaum P R, Rubin D B. The central role of the propensity score in observational studies for causal effects [J]. Biometrika, 1983, 70 (01).

[197] Sandy D J, Jakki J Mohr. Leveraging internet technologies in B2B relationships [J]. California ManAgement Review, 2002, 44 (04).

[198] Sanjay G, Geoffrey G Bell, Jon L Pierce. The perils of pollyanna: Development of the over-trust construct [J]. Journal of Business Ethics, 2005, 58 (1 – 3).

[199] Schildt H A, Maula M V J, Keil T. Explorative and exploitative learning from external corporate ventures [J]. Entrepreneurship Theory & Practice, 2010, 29 (04).

[200] Schneider C Q, Wagemann C. Set-theoretic methods for the social

sciences: A guide to qualitative comparative analysis [J]. International Journal of Social Research Methodology, 2012, 16 (02).

[201] Shleifer A, Vishny R W. Survey of corporate governance [J]. Journal of Finance, 1997, 52 (02).

[202] Shleifer A, Vishny R. Large shareholders and corporate control [J]. Journal of Political Economy, 1986, 94 (03).

[203] Shum P, Lin G. A world class new product development best practices model [J]. International Journal of Production Research, 2007 (2), 45 (07).

[204] Simcoe T, Galasso A. CEO over-confidence and innovation [J]. Social Science Electronic Publishing, 2010, 57 (57).

[205] Stefan V, Chaim N. Set-theoretic methods for the social sciences: A guide to qualitative comparative analysis [J]. International Journal of Social Research Methodology, 2013, 16 (02).

[206] Stephen A A, Kathleen T H. Venture capital investing by information technology companies: Did it pay? [J]. Journal of Business Venturing, 2006, 22 (02).

[207] Stultz R. Managerial control of voting rights: Financing policies and the market for corporate control [J]. Journal of Financial Economics, 1988, 20 (1 – 2).

[208] Suzumura K. Cooperative and noncooperative R&D in an oligopoly with spillovers [J]. The American Economic Review, 1992, 82 (05).

[209] Tanriverdi H, Venkateraman N. Knowledge relatedness and the performance of multibusiness firms [J]. Strategic Management Journal, 2005, 26 (02).

[210] Tian X, Wang T Y. Tolerance for failure and corporate innovation. Review of Financial Studies, 2014 (01).

[211] Timmons J A, Bygrave W D. Venture capitals role in financing innovation for economic growth [J]. Journal of Business Venturing, 1986, 1 (02).

[212] Tirole J. Corporate governance [J]. Econometrica, 2001, 69 (01).

[213] Titus V K, Anderson B S. Firm structure and environment as contingencies to the corporate venture capital-parent firm value relationship [J]. Entrepreneurship Theory and Practice, 2018. 42 (03)

[214] Tong T W, Li Y. Real options and investment mode: Evidence from corporate venture capital and acquisition [J]. 2011, 22 (06).

[215] Torre A, Gilly J P. On the analytical dimension of proximity dynamics [J]. Regional Studies, 2000, 34 (02).

[216] Tyebjee T T, Bruno A V. A model of venture capitalist investment activity [J]. Organization Science, 1984 (09).

[217] Vassolo R, Anand J, Folta T. Non-additivity in portfolios of exploration activities: A real options-based analysis of equity alliances in biotechnology [J]. Strategic Management Journal, 2004, 25 (11).

[218] Verónica H Villena, Thomas Y Choi, Elena Revilla. Revisiting interorganizational trust: Is more always better or could more be worse [J]? Journal of ManAgement, 2019, 45 (02).

[219] Victor G, Bart N et al. Network embeddedness and the exploration of novel technologies: Technological distance, betweenness centrality and density [J]. Research Policy, 2008, 37 (10).

[220] Voss G B, Sirdeshmukh D, Voss Z G. The effects of slack resources and environmental threat on product exploration and exploitation [J]. Academy of Management Journal, 2008, 51 (01).

[221] Wadhwa A, Basu S. Exploration and resource commitments in unequal partnerships: An examination of corporate venture capital investments [J]. Journal of Product Innovation Management, 2013, 30 (05).

[222] Wadhwa A, Phelps C, Kotha S. Corporate venture capital portfolios and firm innovation [J]. Journal of Business Venturing, 2016, 31 (01).

[223] Wang L W, Jeff H Y Yeung, Zhang M. The impact of trust and contract on innovation performance: The moderating role of environmental uncertainty [J]. International Journal of Production Economics, 2011, 134 (01).

[224] Weber C, Weber B. Corporate venture capital organizations in Germany: A comparison [J]. Venture Capital, 2005, 7 (01).

[225] Yang X Y, Guo Y, Zhou X. Asset specificity intensity, buyer countervailing power and strategic alliance—An investigation on a case which airlines own to airports [J]. Industrial Economics Research, 2010 (05).

[226] Yang Y, Narayanan V K, de Carolis D M. The relationship between portfolio diversification and firm value: The evidence from corporate venture capital activity [J]. Strategic Management Journal, 2014, 35 (13).

[227] ZhaoY H, Wang G C. The impact of relation-specific investment on channel relationship performance: Evidence from China [J]. Journal of Strategic Marketing, 2011, 1 (19).

# 后　　记

本书为国家社会科学基金项目"基于技术契合视角的公司创业投资生态链企业技术创新机理及其提升对策研究"（项目编号：19BGL033）的结题成果，历经多轮校对和修改，终于得以印刷出版。感谢经济科学出版社胡成洁编辑的精心编排和耐心校改，感谢研究生陈文静、吕诗晖、黄欢欢、顾晓宇、杨烨等在书稿的数据搜集与资料整理等方面的辛苦付出。